LIDERAZGO

UN PASO A LA VEZ

Fabrizzio Ponce Villarreal

www.fabrizzioponce.com

Twitter: @fabrizzioponce

ISBN: 978-1976-1526-9-6

Todos los derechos reservados. Prohibida la reproducción total o parcial.

Fabrizzio Ponce Villarreal
2020

A Grettel, mi inspiración y compañera de viaje

Índice

Sobre este libro	11
Prólogo	13
Desarrollo personal	17
Las lecciones del señor McBroom – Primera parte	19
Las lecciones del señor McBroom – Parte final	22
Habilidades de negociación	25
El arte de criticar	28
Un consejo de película: regalate un espacio vos mismo	31
Llegando a tu objetivo	33
No lo hagas por complacer a los demás…	36
La mejor inversión para todos	39
Recordando los primeros pasos	42
El momento de actuar	44
Una oportunidad con forma de balón	47
La fila del supermercado	49
Hoy toca correr	51
Atrevete a ser diferente	53
Joyitas del desarrollo personal	56
Teorías de conspiración, a la inversa	59
Alégrate por lo bueno de los demás	62
Date una nueva oportunidad	65
Sobre meteduras de pata y otras actividades humanas	68
Liderazgo	73
El liderazgo según Mr. Giuliani – Primera parte	75
El liderazgo según Mr. Giuliani – Segunda parte	77
El liderazgo según Mr. Giuliani – Parte final	80
No brain no gain	83
El tipo del espejo: dos principios de liderazgo	86
Liderando personas	89
Líderes silenciosos	91

UN FEEDBACK A TIEMPO	94
HACER MÁS CON MENOS	97
GESTIONANDO EL CAMBIO	100
LA GRANDEZA DE LA SENCILLEZ	103
SERVICIO AL CLIENTE: LA IMAGEN DE NUESTRA ORGANIZACIÓN	106
ORGANIZACIONES SALUDABLES	108
EL 'TO DO LIST' DE LAS ORGANIZACIONES – PRIMERA PARTE	111
EL 'TO DO LIST' DE LAS ORGANIZACIONES – PARTE FINAL	113
NUEVE CLAVES PARA MEJORAR LA ACTITUD – PRIMERA PARTE	116
NUEVE CLAVES PARA MEJORAR LA ACTITUD – SEGUNDA PARTE	119
NUEVE CLAVES PARA MEJORAR LA ACTITUD – PARTE FINAL	122
ME LIDERO, LUEGO SOY EXITOSO	124

Motivación 129

CUANDO NIÑOS	131
Y EL MIEDO SE AHOGÓ	134
CUANDO LOS SUEÑOS NAUFRAGAN	138
ENCONTRÁNDONOS A NOSOTROS MISMOS	141
¿QUÉ COSAS TE EMOCIONAN?	144
¿LIMITACIONES? JA..	146
SER LO QUE SOS	148
LOGRÁ TU META	150
¡APLAUSOS PARA EL VIENTO!	153
CUANDO SE NOS VAN LA MUSAS	155
¿¡ES ESO LO MEJOR QUE PODÉS HACER!?	158
METAS INSPIRADORAS	161
ESOS BICHOS RAROS..	164
LO MEJOR QUE PODÉS CON LO MEJOR QUE TENÉS	168

SOBRE EL AUTOR	173
OTROS TÍTULOS DEL AUTOR	175

Sobre este libro

Este libro lo publiqué en una primera edición local en mi país en el año 2016, originalmente como una recopilación de artículos que había escrito en el transcurso de los dos años anteriores.

En ese momento, tenía menos artículos y me sirvió como herramienta para desarrollar algunos temas en empresas, organizaciones y medios de comunicación.

A los meses, decidí editarlo de forma más profesional y publicarlo internacionalmente también, así que empecé a hacer los arreglos... y no, no pude.

Con el tiempo, le sumé algunos artículos más al borrador inicial, seguí dándole forma... y tampoco lo logré. Faltaba algo.

Luego de atravesar algunos momentos difíciles y pérdidas a nivel personal en los últimos meses, decidí retomar el proyecto inconcluso. Y luego de reflexionar, llegué a la decisión que no publicaría solo un libro, sino que ofrecería a mis lectores algo más, algo más acorde a mí, a mi deseo de servir y a mi actividad profesional.

Lo que tenés en tus manos no es un libro más sobre desarrollo personal, liderazgo y motivación. Cierto que todos los autores decimos lo mismo, pero apelo al hecho que muchas son experiencias personales y que, además del artículo, también te facilito un espacio de reflexión, para vos y para tu equipo de trabajo, si lo tenés a bien. Sí, porque en las organizaciones, los grupos de trabajo están conformados de personas que también necesitan desarrollar su potencial y así crear equipo.

Son cincuenta y dos artículos, para analizar uno por semana durante un año completo. Cada artículo trae una serie de preguntas para analizar a nivel personal y grupal, que buscan generar un espacio de crecimiento.

¿Qué ganamos con ello? Un tiempo para vos, para mejorarte, para indagar dentro tuyo la respuesta a interrogantes que quizá tengás por ahí y que espero podás solventar. Y si es en grupo, que juntos puedan seguir construyendo un equipo de alto desempeño.

Algunas de las preguntas pueden ser inquietantes, otras las verás irrelevantes, algunas querrás saltártelas o ser deshonesto. Al fin y al cabo, ¿qué le importa a Fabrizzio? Pero, si en tu interior sabés que lo necesitás y tenés la suficiente apertura y deseo de cambiar, espero que la información que surja de mis preguntas te traiga alguna luz, y que hagás algo para bien con ella. Vos tenés con qué lograrlo.

Iniciamos el viaje, un paso a la vez.

Prólogo

Actualmente la sociedad tiene la tendencia y la necesidad de medir todo, incluso el tiempo. Pero nosotros, en nuestro diario vivir, no siempre estamos conscientes del tiempo que lleva finalizar algo.

Hay muchos casos documentados: La Muralla China tardó alrededor de dos mil años para construirse. El buen Noé demoró alrededor de ciento veinte años para terminar su arca. El edificio de la Ópera de Sydney en Australia tardó catorce años en construirse. La Torre Eiffel en París demoró dos años, dos meses y cinco días para concluirse -*y alguien tenía la idea de desmontarla luego de la Exposición Universal de 1889*.

Hay otras actividades y cosas que quizá demoran menos tiempo, por ejemplo, una carrera universitaria, el tiempo trabajando en una empresa, correr una maratón, leer estas líneas.

Cualquier construcción lleva su tiempo, y se debe hacer paso a paso, en un proceso ordenado. Esto también aplica para nuestro liderazgo. En algún momento, la vida nos empujará al frente, a liderar. ¿Estamos preparados para ese momento?

Todo lo que has hecho y dicho hasta el día de hoy ha ido modelando tu personalidad y tus habilidades de liderazgo. Incluso si no has estado consciente de ello. Por eso, si me estás leyendo, quiero felicitarte, por tomar las riendas de tu vida personal y profesional. No todos asumen esa responsabilidad, porque es más fácil que otro sea el que lo haga. De esa forma, esperamos que el jefe nos pague, que el Gobierno arregle la acera y que el equipo de futbol gane para ponernos de buen humor.

Este libro recoge algunas de mis reflexiones en torno al liderazgo, la motivación y al desarrollo personal. Para ser buenos líderes debemos primero ser personas motivadas a mejorar nuestras capacidades. ¿Cuánto demorará nuestra construcción de un mejor líder? Solo Dios lo sabe, pero lo que sí sabemos es que es una edificación diaria, paso a paso, y con estas reflexiones espero aportarte un granito de arena para desarrollar tu mejor versión.

Fabrizzio Ponce Villarreal.
Junio 2020.

Desarrollo personal

"...puede ser que estés agotado, que te hayan rechazado o que no hayás encontrado una puerta abierta. Pero siempre está la opción de seguir intentándolo..."

Las lecciones del señor McBroom – Primera parte

En temas inspiracionales, la humanidad puede agradecer el hecho de haber tenido un amplio desfile de personajes que, con sus acciones, han llenado páginas de libros, mesas de conversación, historias, páginas web y recuerdos imborrables en aquellos que se han cruzado con ellos. Muchas de ellas siguen con nosotros hoy en día. Se me ocurre pensar en personajes históricos como Jesús de Nazaret, en Leonardo Da Vinci, Blaise Pascal, Miguel de Cervantes, hasta algunos más contemporáneos como Indira Gandhi o Steve Jobs.

Sin embargo, hay otros más cotidianos, menos renombrados y hasta anónimos, que de una u otra forma, también tienen algo que legarnos. En estas dos entregas vamos a compartir algunas de las lecciones que Melburn McBroom nos enseñó a raíz de un episodio de su vida, que tristemente no tuvo un final feliz.

El señor McBroom era un experimentado piloto de aviones que fue el responsable directo del accidente de aviación ocurrido en Portland, Oregon, en Estados Unidos, en diciembre de 1978. La razón: no tenía buenas relaciones con su equipo de trabajo. Uno puede pensar que eso sucede siempre en un empleo regular, a veces hay momentos en que la gente no se lleva bien entre ellos. Pero en la cabina de un avión las cosas son muy diferentes y por ello, no debe haber espacio para situaciones como la vivida ese diciembre.

La primera lección que podemos aprender del señor McBroom es el arte de saber comunicarse. No se trata solamente de la teoría que conocemos ya: un emisor que le transmite un mensaje a un receptor utilizando para ello un canal de comunicación. Tampoco me refiero al sabio consejo que muchas veces me dieron en las semanas previas a mi matrimonio: "mucha comunicación" (¡Tampoco se tome a mal, me ha servido bastante!).

Más bien, se trata del proceso donde fluyen ideas, se comparten y con la información recopilada se pueden tomar mejores decisiones ya que abarcamos varios puntos de vista. El día del accidente, el señor McBroom argumentó, discutió y perdió valioso tiempo por no saber comunicarse adecuadamente con su equipo. ¿Cómo evitar que nos pase algo similar? Sugiero un par de áreas donde podemos mejorar:

- **Favorecer el diálogo:** En una posición otorgada de mando, es muy fácil lograr que los demás hagan lo que nosotros queremos. Sin embargo, se ha descubierto que favorecer el diálogo junto con los miembros del equipo eleva la productividad y los resultados positivos en la gestión, ya que brinda un espacio interactivo donde se pide consejo, se dan sugerencias y se logra un ambiente de apoyo emocional, porque todo el equipo está sintonizado pensando en lo mismo. No dejemos de lado que el lugar físico debe estar acorde con lo que se busca, donde la calidez humana y la claridad ambiental faciliten la comodidad del equipo. Ah, y esto de ninguna forma debe verse como una debilidad de quien está a cargo, más bien es una excelente ocasión de reforzar positivamente la influencia que se ejerce en el grupo.

- **Saber escuchar:** la confianza de la experiencia y los años pueden llegar a convertirse en una barrera en el proceso de comunicarnos adecuadamente con nuestra gente. Creemos que todo lo sabemos y que las cosas deben hacerse a nuestro modo para que salgan bien. No damos espacio a las sugerencias de los demás porque.. ¡ya todo está inventado! Cuando nos demos cuenta que estamos pensando o actuando bajo esa premisa, ¡cuidado! Es hora de bajar la guardia y empezar a construir puentes en lugar de muros. Debemos poner atención a todos por igual. Podremos sorprendernos escuchando sugerencias fascinantes que nos ayudarán en el proceso. Habrá otras que no, pero al menos, quien la ofrece de seguro se sentirá valorado y eso, nuevamente, reforzará nuestra influencia. Aprendamos a escuchar lo que nuestro equipo.

En nuestra próxima entrega conoceremos otra lección aprendida del señor McBroom y cómo podremos aplicarla a nuestro diario andar.

Para reflexión:

¿Cuáles son mis relaciones más importantes? La relación con mis compañeros de trabajo y colegas, ¿en qué posición está? ¿Cómo mido que mis relaciones están bien y que son de beneficio mutuo? Si aplicaran esa misma medida conmigo, ¿cómo saldría evaluado?
¿Cuáles son los canales y espacios físicos que tengo con mi equipo de trabajo para comunicarnos? ¿Cómo medir su efectividad? ¿Cómo podemos mejorarlos?

LAS LECCIONES DEL SEÑOR MCBROOM – PARTE FINAL

El avión está volando en círculos sobre Portland. El ambiente en la cabina está muy tenso. Algo anda mal y parece que el piloto no lo puede resolver por él mismo. ¿Cómo estarán los pasajeros? ¡Qué importa! Acá tenemos cosas más importantes para resolver, pero parece que no lo vamos a lograr.

La entrega anterior, vimos como el señor McBroom tenía serias deficiencias a la hora de comunicarse con su equipo. Sucede en ocasiones. Pero a cientos de metros de altura, en un avión con 181 pasajeros y un equipo de 8 personas, no es el mejor lugar para que suceda. Y si le sumamos un detalle adicional, el problema se hace más grande.

La otra lección que nos deja esta lamentable historia, es la importancia del trabajo en equipo. Se ha comprobado que las organizaciones donde se trabaja en equipo son las que están mejor preparadas para enfrentar los desafíos que nos presenta el entorno empresarial actual. Y el trabajo en equipo funciona mejor cuando hay un líder que hace que sucedan las cosas.

McBroom quiso hacer las cosas por sí solo. Podría decirse que al final fue el héroe y que con su pericia evitó más muertes en el accidente. Sin embargo, en la actualidad este percance aéreo es uno de los que se usa como ejemplo de cómo no hacer las cosas en la cabina de un avión. Las escuelas de formación aérea empezaron a fortalecer la enseñanza de temas como el trabajo en equipo, la comunicación y la inteligencia emocional en sus estudiantes, con el fin de prevenir desastres como el de Portland.

El trabajo en equipo es vital para las organizaciones. Su ausencia puede derivar en costes emocionales y económicos, alta rotación laboral y la pérdida de competitividad en la industria. Acá compartimos algunas sugerencias para fortalecer esta área:

- Tener una meta clara: esto nos ayudará a saber hacia dónde nos dirigimos.
- Comunicar la meta: todos en la organización son claves, hágalos sentir importantes.
- Tener un liderazgo influyente: no se trata del típico jefe en su escritorio dentro de una oficina, se trata del líder que influye y hace crecer a los demás con su ejemplo.
- Empodere: quizá no veamos todas las soluciones en el momento de planificar, pero el resto del equipo puede saber cuáles son.
- Tener claros los recursos disponibles y las funciones delegadas: no forme expectativas elevadas que vayan a volverse en su contra luego.
- Promueva valores: honestidad, innovación, sinceridad, respeto, confianza, iniciativa, etc. No olvide que la mejor promoción es practicarlos.
- Celebre cada triunfo: grandes o pequeños, los triunfos deben celebrarse. Y no olvide agradecer continuamente por el esfuerzo que se realiza.

Del triste episodio del señor McBroom podríamos seguir escribiendo mucho más. No obstante, nos quedamos sólo con la importancia de saber comunicarse y la del trabajo en equipo. Son necesarios para cuando buscamos empleo, para conservar el que tenemos y en general, para la vida diaria.

Para reflexión:

¿Soy jugador de equipo? ¿Qué experiencias en el último año puedo mencionar como ejemplo?

¿Qué puntos de los citados puedo aplicar en mi equipo de trabajo para afianzarlo?

Habilidades de negociación

Una de las competencias más valoradas en el entorno profesional en la actualidad es la habilidad para negociar.

Nótese que no se dice 'ganar toda negociación' o 'aplastar al contrario', como se puede pensar cuando hablamos de negociaciones. El cine y la televisión en ocasiones nos empujan a pensar ello. Manolito, el famoso personaje creado por Quino, en una ocasión le decía a Mafalda que *'es imposible amasar una fortuna sin hacer harina a los demás'*.

Y es que en la vida necesariamente hay que saber negociar, porque esa necesidad de conciliación va a estar presente muchas veces en el día a día. Afortunadamente, hoy en día no es necesario llegar a esos extremos de los que hablaba Manolito. William Ury, antropólogo social y autor de varios libros relacionados con el arte de la negociación, comparte siete puntos interesantes para tener una negociación exitosa. Personalmente las clasifico en internas (aplicadas al negociador) y externas (aplicadas a la negociación):

Internas:
- Somos el mayor obstáculo en una negociación: Mi actitud, mi preparación, mis expectativas, entre muchos factores más, pueden marcar la diferencia en una situación negociadora. Es importante reconocer cada elemento que pueda sernos de tropiezo y controlarlo de forma adecuada.

- Es natural reaccionar: Para un lado o para el otro, vamos a reaccionar. Eso no un problema en el tanto sepamos reaccionar de la mejor forma.

No esperemos que el camino se facilite si tiramos del sarcasmo o la ironía, por citar un par de casos.

- Ampliar la perspectiva: Una negociación no es una guerra, es un momento único para crecer, conocer otros puntos de vista y llegar a acuerdos.

Externas:

- Aprender a separar las personas del problema/conflicto: tener consideración, ser blando con la persona pero duro con el problema.

- Enfocarse en intereses, no es posiciones: ¿Alguna vez te ha tocado lidiar con alguien terco, que no se sale de dónde está? Entonces entenderás de lo que trata este punto.

- Desarrollar diferentes opciones: Planificar diferentes escenarios que eventualmente involucren todos los intereses representados.

- Criterio objetivo con un proceso justo: El resultado, sea cual sea el que se dé en la negociación, debe estar basado en un estándar justo y objetivo.

Abraham Lincoln preguntaba: *"¿Acaso no destruimos a nuestros enemigos cuando los convertimos en nuestros amigos?"*. En nosotros está pulir nuestras habilidades de negociación y aprovechar las oportunidades de crecimiento que nos brinda la necesidad de solucionar un conflicto.

Para reflexión:

¿Cuáles han sido las negociaciones más difíciles que he tenido recientemente? Con base en los puntos descritos, ¿qué podría haber hecho diferente?

¿Cómo puedo aplicar esos puntos para negociar exitosamente con mi equipo de trabajo?

El arte de criticar

- *Criticar es fácil, lo difícil es hacer las cosas mejor.*
- *Criticar a los demás es fácil, mejorarse a uno mismo es lo difícil.*
- *Criticar es fácil, crear es difícil.*

Esas son algunas frases tomadas del internet, que llevan como fin hacernos ver lo fácil es que criticar (si no quedó claro puedo buscar más). En cualquier entorno en que nos veamos envueltos, si escuchamos con detenimiento, veremos que es una realidad. Hay críticas a los miembros de nuestra familia, a nuestros amigos, a nuestros colegas, al vecino, al político. Criticamos a los deportistas, al chofer del bus, a los motociclistas. Hasta el perro de la casa del frente incluimos en la lista de los criticados.

La crítica siempre llevará implícita mi opinión, mi juicio de valor o mi examen hacia determinado aspecto de la persona/objeto que critico: *"ese portero solamente ataja ante equipos pequeños"*; *"ese plan de negocios es descabellado"*; *"mi vecino es un desconsiderado"*. Cuando la crítica es ácida, con el fin de esconder alguna inseguridad, envidia o cualquier otro motivo oscuro, no hay mucho que hacer. Cada crítica nos hablará más de la personalidad del criticón que de la actuación del criticado. Y en ese aspecto, estamos claros que es un problema que cada quien debe resolver.

Pero cuando se hace una crítica que tiene una finalidad muy diferente a denigrar, la situación cambia. Hay reglas para hacerla y que esta sirva para un ganar/ganar con esa persona. Leyendo a Daniel Goleman en su libro "Liderazgo, el poder de la inteligencia emocional", me encontré con cuatro apuntes sobre el arte de la crítica que hizo Harry Levinson, un psicoanalista y consultor empresarial:

- Concrete: Cuando usamos expresiones del tipo "es que siempre cometés errores" enfrentamos dos problemas graves: Atacamos al carácter de la persona y no concretamos un hecho específico a corregir. Muy probablemente la respuesta de la contraparte será a la defensiva y no tendrá claro a cuál de sus errores se refiere. Cuando haga mención a un tema por mejorar, mencione siempre hechos concretos, resultados, sea asertivo y directo.

- Ofrezca una solución: Anticípese. Se puede dar el caso que la otra persona ni siquiera tenga presente que estaba cometiendo un error. No haga un comentario concreto sin ofrecer una solución, podría provocar solamente frustración y desmotivación.

- Esté presente: Olvide los emails, los whatssapp, los memorándum. Ese estilo de liderazgo es anticuado y obsoleto. Cuando hablamos de una situación delicada, en el siglo XXI aún es vital el contacto visual, la conversación cara a cara y la retroalimentación a doble vía.

- Sea sensible: En Costa Rica usamos la frase de que 'muchas veces cada quien lleva la procesión por dentro' cuando de dificultades se trata. Nuevamente, nos vemos en la obligación de anticiparnos siendo empáticos, viendo la situación como un todo. Y si nos cuesta ser empáticos, aprendamos a hacerlo. Piense en un equipo de trabajo desmotivado. Muy probablemente hay un jefe poco empático al frente. Si queremos realmente cultivar relaciones ganar/ganar, es importante que nos hagamos profesionales en el arte de criticar. Eso nos permitirá tener relaciones más saludables, resultados exitosos en nuestras gestiones y paz mental para nosotros mismos.

Y de paso, seamos diferentes: dejemos las críticas burlistas y los menosprecios a los amateurs que nunca llegarán a jugar en Primera División.

Para reflexión:

¿Cuáles situaciones de la vida cotidiana son los detonantes que me ponen a criticar? ¿Qué acciones debo tomar si quiero dejar esa actitud?
Cuando ando en modo criticón, ¿de qué forma se afecta el desempeño del equipo y el mío propio?

UN CONSEJO DE PELÍCULA: REGALATE UN ESPACIO VOS MISMO

"Al día siguiente, después del trabajo, fuimos a la playa, lejos de todo y de todos. Sólo Christofer y yo. Lejos de los autobuses, el ruido, de la constante decepción en mi cabeza de 10 galones y de mí mismo."

Si viste el drama "En busca de la felicidad", protagonizada por Will Smith, seguramente habrás reconocido las palabras del párrafo anterior. En la película, su personaje lo ha apostado todo por obtener el único puesto que se brinda en un seminario para ser corredor de bolsa. La tarde anterior a la elección había un torbellino de emociones que daban vuelta en su cabeza, por eso decidió darse ese tiempo para él y su hijo. Lo normal, diríamos, pero no siempre es así.

En la actualidad, nos resulta difícil darnos ese tipo de espacios. La vida es una espiral de momentos y actividades que nos arrastra. Pasamos conectados y disponibles todo el día a toda hora mediante la tecnología. El problema más grande radica en que todo ese cúmulo de actividades nos va pasando pequeñas facturas que llegado el momento de pagar nos da como resultado un precio muy alto. Sacrificamos vida, familia, estados de ánimo y hasta la salud.

Recuerdo hace unos pocos años cuánto me impresionó el caso de los empleados de France Telecom que se suicidaron. Fueron alrededor de sesenta personas, una total tragedia y, desde mi punto de vista, un fracaso de gestión en la citada empresa. Pero también nos llama a reflexionar en el deber de tomar las riendas de nuestra propia vida.

Actividades tan simples como hacer ejercicio, salir con amigos, tener un rato de lectura o meditación, pasear más a menudo e incluso, tomar algún curso diferente a nuestro oficio o profesión, pueden ser estimulantes y nos darán una ayuda invaluable. No hablo de hacerlos todos, hablo de que hagamos una lista de cosas que nos ayudarían a tener ese espacio para nosotros y disciplinarnos para disfrutarlo. Eso, a la larga, nos permite retomar con fuerza y plantearnos nuevos escenarios de acción en medio de la rutina diaria.

No podemos esperar que nadie lo haga por nosotros. En la comedia "Mis dobles, mi mujer y yo" Doug Kinney, interpretado por Michael Keaton, es un abrumado hombre cuyo trabajo no le permite tener tiempo para su familia. Desesperado, recurre a la genética para poder lograrlo, clonándose en tres ocasiones diferentes. Fue su manera de solucionar el problema que tenía.

Probablemente no tengamos los medios para una solución de ese tipo, pero debemos decidirnos a buscar nuestro propio bien. De todos modos, ¡no creo que Doug te recomiende la genética, luego de todas las dificultades que sus tres clones le trajeron en la película!

Para reflexión:

Semanalmente, ¿cuántas horas me dedico a mí? ¿Son suficientes para 'desconectar'? En caso de ser insuficientes, ¿de dónde pellizcar un tiempo más y que me permita lograrlo?
Como equipo de trabajo, ¿tenemos espacios para desconectar? ¿Qué actividades podemos realizar y que nos sirvan para lograrlo y al mismo tiempo conectar entre nosotros?

Llegando a tu objetivo

Luego de un intento fallido años atrás, sabía que el momento de retomar el tema había llegado. Ya no tenía lugar donde esconderme ni quedaban excusas que ofrecer. El progreso personal que había alcanzado en ese momento me decía a gritos de que ya era hora. Y yo, en el fondo, sabía que debía hacerlo.

Hablo de cuando corrí mi primer maratón. Es la prueba reina del atletismo. Soy un atleta popular, pero desde que empecé en el deporte seriamente, allá por el 2005, había soñado con el momento de cruzar la meta de una carrera de 42 kilómetros. Y el momento era ese.

Pero, ¿cuál correr? ¿Dónde? ¿Con quién me preparo? ¿En qué fecha correrla? Esas y muchas otras preguntas empezaron a rondar mi cabeza. Pero de nuevo, el anhelo de cumplir el sueño me ayudó a ir resolviendo todas y cada una de las preguntas, dudas y miedos que enfrenté en el camino, a buscar la información que necesitaba y a ir tomando las decisiones que debía.

Al final de la carrera lloré. Lo había logrado. No fue un proceso sencillo, pero una vez más, me demostré a mí mismo que si queremos algo realmente, lo podemos lograr.

¿Por qué comparto esta historia? Porqué en ese momento me sucedió lo que a mucha gente le sucede: sabemos dónde queremos ir pero no sabemos cómo llegar. Tenemos una estupenda idea de negocio, pero no sabemos cómo echarla a andar. Queremos ese ascenso en la organización, pero no tenemos ni la más remota idea de qué hacer para conseguirlo.

Si tu situación es como la que describo, o similar, estos sencillos pasos nos pueden servir de guía para encontrar nuestro norte:

- Establecer el objetivo: suena lógico, pero la realidad es que si salimos a la calle a hacer un sondeo, muchos de los encuestados no tienen un objetivo claro en sus vidas. Un estudio dado a conocer en Monterrey, México, en el año 2010, reveló que uno de los elementos que ayuda a incrementar la felicidad personal es tener metas claras. Sacá un tiempo para pensar en ello, para darle forma y para visionar tu objetivo. Que sea concreto a partir de ahora. Y para que no lo olvidés, escribilo.

- Hacé un FODA personal: El FODA (Fortalezas, Oportunidades, Debilidades y Amenazas) es un análisis que se ideó a nivel corporativo para establecer donde se está y a donde se quiere ir. Pero en nuestro caso, lo haremos a nivel personal. Pero, ojo, para que funcione, hay ser honesto y transparente al momento de analizarse. Estas preguntas te pueden ayudar en el proceso:

    o Fortalezas: ¿En qué soy bueno?, ¿Tengo algo que me diferencie de los demás?
    o Debilidades: ¿Qué puedo mejorar?, ¿Tengo menos ventajas que otros?
    o Amenazas: ¿Cómo es el entorno económico donde quiero desarrollarme?, ¿Cuál es mi competencia?
    o Oportunidades: ¿Hay tendencias y alternativas beneficiosas para mí o mi idea?

- La confrontación: ahora sí, confrontaremos nuestros objetivos con la información del análisis FODA. ¿Quiero correr 42 kilómetros pero no entreno con un plan específico para esa distancia? Bueno, es un aspecto que debo cambiar para lograr el objetivo de la mejor forma. ¿Deseo ser el jefe de mi departamento pero no soy inteligente emocionalmente? Es hora de empezar a cambiar eso.

- Ir a por ello: Una frase popular dice que el papel aguanta todo lo que le escriban. Que tus objetivos no se queden en el papel. Las acciones que tomés para lograrlo te ayudarán a crecer como persona y como profesional, y hasta podrías descubrir capacidades de vos mismo que no sabías que estaban allí.

Te animo a que te pongás manos a la obra. Si lograste visualizar ese objetivo, entonces tendrás la capacidad de ver el camino a recorrer para lograrlo. Y si al final también te decidís por correr un maratón, ¡ahí podremos conversar sobre la experiencia de vida que encierran esos 42 kilómetros!

Para reflexión:

¿Cuál fue mi último 'gran objetivo? ¿Por qué lo logre o por qué no lo logre? Si aplicara un FODA en retrospectiva, ¿cuál sería el resultado?
¿Cómo nos planteamos los retos y objetivos en la organización? ¿Cuál sería una mejor forma de hacerlo?

No lo hagas por complacer a los demás...

..Hacelo por vos. Para superarte, para ser mejor, para expandir tu contexto, para alcanzar lo que querés y lo que necesitás.

Para callar al que decía que no podías. Para demostrarte a vos mismo que si se puede. Esto lo digo porque a veces nos pillamos haciendo cosas que creíamos eran para nosotros, pero la realidad es otra muy diferente.

Leemos un libro porque nos lo recomendaron.
Cuando estamos entrenando, tratamos de hacer bien el ejercicio para que el entrenador nos vea.
Estudiamos solo para pasar el examen.
Buscamos pareja porque todos nuestros amigos tienen.
No vamos al cine porque no hay con quien ir.

Y así, una tras otra, se suman las actividades que hacemos a diario cuyos beneficiarios son otros. Ahora bien, hay que tener claro que vivimos en sociedad y que nos necesitamos. Todos tenemos una habilidad que compartir y también hay gente que necesita de nosotros. Está muy bien cuando hacemos cosas pensando en otros.

Sin embargo, yo me refiero al tipo de cosas que deberíamos hacer para nosotros. Cosas como planificar nuestro futuro. Entrenar porque nos gusta nuestro deporte. Leer lo que nos plazca. Viajar y conocer mundo porque se nos antoja.

¿Por qué pasa eso? Todos podemos señalar muchas razones, propias o que alguien nos ha comentado. Por experiencias, incluida la mía, las puedo agrupar en cuatro razones principales:

- Miedo: Es la emoción intensa que experimentamos por la percepción de un peligro, sea real o imaginario. Es algo intrínseco a nosotros. El problema se da cuando nos domina y paraliza.

- Ignorancia: Hay temas que ignoramos total o parcialmente, incluso dentro de nuestro ámbito de vida. Pero, ¿para qué quedarnos en la ignorancia y permitir que ello nos controle? El conocimiento siempre traerá nuevas oportunidades.

- Tiempo: Todos, los siete mil millones de seres humanos en el planeta, contamos con la misma cantidad de horas al día. ¿Cuánto de ese tiempo es para nosotros?

- Comodidad: Hellen Keller, escritora norteamericana, dijo en cierta ocasión: *"La seguridad es más que nada una superstición. La vida es una aventura atrevida o no es nada"*. A pesar de eso, vivimos aferrados a esa "comodidad" mientras la vida se nos pasa afuera del sofá donde estamos sentados.

Jorge (nombre ficticio) es un tipo encantador, dueño de su propio negocio. Es una empresa proveedora de material publicitario que tiene una cartera de clientes importante, lo cual le ha permitido no solo hacer crecer la empresa en términos de volumen sino también para ofrecer oportunidades de empleo y desarrollo a otras personas y empresas. Pero su historia no siempre ha sido así de próspera.

Conversando en algún momento, me comentó de ese viernes complicado, donde luego de una jornada laboral agotadora, su empresa le comunicó que ya no requerían de sus servicios. Así, a las 5:00 p.m. se vio en la calle, asustado por sus cuentas que pagar y sin el ingreso económico del cual dependía.

Luego de meditarlo, decidió arrancar por su cuenta un negocio. No sabía mucho del tema, pero preguntó, se asesoró y se lanzó, planificando y siendo ordenado. El inicio fue difícil, como todos. Darse a conocer, crear un equipo de trabajo idóneo, llamadas sin respuesta, cotizaciones sin aprobar. Pero las semanas pasaron y poco a poco, el negocio fue despegando. Hoy, más bien, ya está empezando a incursionar en nuevos negocios.

La invitación hoy es a que no esperés que haga erupción el volcán o haya un terremoto en tu vida para que te prestés atención a vos mismo. ¡Empezá desde ya!

Para reflexión:

Haciendo un análisis a lo interno, ¿con cuál de las cuatro razones es que nos identificamos más cuando se trata de paralizarnos? ¿Cómo se originó y como puedo enfrentarla?

¿Cómo identificar y gestionar al equipo cuando estas razones se convierten en excusas?

La mejor inversión para todos

Escuchaba hace algún tiempo una conferencia en línea que dictó un especialista en temas de RRHH. El tema no era precisamente la gestión del talento humano, sino más bien, cómo nos gestionamos a nosotros mismos.

Durante la charla, hizo un comentario que me pareció interesante y me obligó a pensar. Los profesionales, ¿dé que forma nos mantenemos actualizados? En medio de la 'titulitis' que nos rodea en el mundo académico y profesional, ¿sabemos cuáles de ellos realmente nos abren puertas a nivel profesional y cuales no pasarán de ser 'simples adornos' en nuestra hoja de vida?

Ahora bien, antes que se me crucifique por lo que acabo de escribir, quiero aclarar que toda enseñanza y experiencia de formación académica es buena y debe ser aprovechada. Sin embargo, para darle peso a mi argumento, comparto tres principios que deberían servir de guía para el adecuado desarrollo de un plan de auto-formación.

- Adquisición de una mejor comprensión de la realidad laboral: Aunque han sido el fundamento de mucha de la teoría organizacional en la actualidad, la realidad es que ya vemos de lejos aquellos tiempos donde nos asesorábamos por los escritos de McGregor y las comparaciones entre las teorías 'X' y 'Y'. Hoy tenemos nuevos enfoques y se habla de habilidades blandas y competencias relacionadas con liderazgo, empatía, comunicación y otras, que facilitan las complejas gestiones del día a día en las organizaciones. La formación académica y profesional indudablemente pasa por el mejoramiento de esas competencias y habilidades, con la misma importancia del estudio teórico de la profesión u oficio a desempeñar.

- Elevar la propia capacidad y competencia: Muy relacionada con el punto anterior, al asumir y desarrollar un adecuado plan de autoformación, tenemos la posibilidad de no solamente comprender y estar a la altura de los desafíos actuales sino que también de expandir nuestra propia capacidad. Esto nos reportará un aumento no solo de la capacidad y competencia a nivel profesional sino también a nivel personal. La posibilidad de ver cómo nos superamos poco a poco hará que crezcan nuestras motivaciones, nuestras ilusiones y nuestros objetivos en la vida. Es similar al caminante que en medio de la montaña ve de lejos la cima, pero que cuando echa la mirada atrás y descubre su progreso, se anima y cobra nuevas fuerzas rumbo a su destino.

- Asumir nuestra responsabilidad por la formación: No es la primera vez que lo citaré, pero es necesario tomar las riendas de nuestra vida. Si bien es cierto es un deber organizacional proveer formación para los colaboradores, no debemos limitar esa formación a lo que otros me puedan brindar a mi. Debo ser intencional en mi superación, en mi plan de desarrollo, en mis ganas de salir adelante y superarme. Probablemente haya que hacer algunos ajustes mentales y presupuestarios, pero los rendimientos a futuro serán invaluables. ¿Ya citamos al caminante en su andar hacia la cima, cierto? Su motivación probablemente venga de demostrarse a sí mismo que pudo, que el esfuerzo realizado pese al dolor y la adversidad valió la pena.

Innovación, nuevas ideas, nuevos contactos, motivación interna, posibilidades de desarrollo y éxito profesional, sana autoestima, un futuro esperanzador. ¿Se te ocurre algún otro beneficio adicional que podamos citar y que venga como resultado de hacer la mejor inversión que existe en el mundo?

Para reflexión:

¿Cuándo fue la última vez que llevaste una formación o programa de actualización profesional? ¿Cuál fue la motivación que tuviste para realizarla? ¿Qué competencias debemos mejorar como equipo de trabajo? ¿Cuándo lo vamos a hacer?

RECORDANDO LOS PRIMEROS PASOS

Hay un elemento interesante dentro del mundo de la motivación en el cuál he estado meditando recientemente y quiero compartírtelo en esta ocasión.

Hay una frase que, al menos en internet, se le atribuye a la Madre Teresa de Calcuta. La frase dice algo como *"no vivás de fotos amarillas"*, en alusión a esa época dorada donde llegar a tener una fotografía era valiosísimo. Aquel tiempo no era como en la actualidad, que hasta con el teléfono móvil podemos tenerlas. Por otro lado, la frase es concreta en animarnos a buscar nuevos horizontes, nuevas cimas por escalar, nuevos desafíos, a que no nos conformemos con lo logrado alguna vez.

Recuerdo hace unos años, durante una caminata en la montaña, que un caballero se sintió mal físicamente y hubo que socorrerle. Fue un momento angustiante porque, literalmente, estábamos metidos en la montaña. Por dicha el episodio no pasó a más y pese a ese quebranto de salud y su mala condición física, el estimado caballero logró salir con el grupo. Lo que me impresionó fue saber que él había representado al país en una disciplina deportiva hacía muchos años y hasta había sido campeón nacional. ¿En qué momento y por qué razón, las cosas cambiaron?

Es cierto, pueden existir muchos factores para un cambio de condiciones de esa magnitud. Pero yo, para mis adentros, me propuse no permitir llegar a ese punto y he tratado de cumplirlo. Así que al día de hoy conservo mis primeras medallas de participación en eventos deportivos y algunos recuerdos de la universidad, obtenidos en situaciones diferentes y que me sirvieron de motivación para enfrentar los siguientes retos. Podría decir que esos fueron mis primeros pasos.

La mayoría de las veces, cuando pienso en un proyecto nuevo, me visualizo logrando ese objetivo. Pero, como mencioné, otra buena idea es volver a las raíces, a los primeros pasos. ¿Para qué fue que quise dedicarme a esto? ¿Para qué empecé a hacer ejercicio? ¿Para qué empezar este proyecto en la empresa?

La próxima vez que estés en un momento de desánimo, podés volver a revisar con detenimiento tus fotos amarillas. Quizá ahí se encuentre la clave para renovar la energía positiva y la motivación para culminar el camino por el que vas transitando.

Para reflexión:

¿A cuál logro del pasado vivimos aferrados y lo hemos estado estirando todos estos años como excusa para no intentar uno nuevo?
¿Cuál récord de la empresa está ahí esperando que lo superemos como equipo?

El momento de actuar

Durante una conferencia hace algunos años escuché esta historia: se trata de un salvavidas que trabaja a bordo de un barco que transporta pasajeros, velando por la seguridad de todos a bordo. Era un hombre de mucha experiencia y gran vocación de servicio. Tenía años dedicado a su profesión, por lo que uno podía imaginarse con facilidad una gran cantidad de emergencias resueltas gracias a su pericia.

Pues en una cálida mañana durante la travesía del barco a mar abierto, nadie sabe cómo, pero resulta que un pasajero termina cayendo por la borda al océano. Suenan los gritos histéricos de la gente y el salvavidas, en cuestión de segundos, estaba ya listo para lanzarse a salvar al hombre en el agua. Los segundos se hacen eternos mientras el sujeto en el océano lucha por mantenerse a flote. Todos vuelven a ver al salvavidas. ¡Está a la expectativa pero sin lanzarse!

Pasan más segundos, de esos que duran eternidades. Los gritos del hombre en el agua empiezan a ser aplacados por los reclamos de la gente hacia el salvavidas. "Lanzate ya, ¿qué estás esperando?" "¿No ves que se está ahogando?" El tipo en el agua bracea y patalea con desesperación. "¡Hey, no podés dejarlo ahogarse!", siguen los reclamos de la gente al salvavidas. Este, sin despegar la mirada del hombre en el mar, sigue sin lanzarse.

Finalmente, el tipo abajo desiste y empieza a hundirse, agotado. En ese momento, el salvavidas se lanza. Una vez a su lado en el agua, le toma, le sujeta hacia él y empieza a nadar hacia el barco nuevamente, donde es ayudado por otros a subir a bordo.

Una vez reanimado el hombre que cayó al agua y que todo el susto pasa, alguien le cuestiona al salvavidas: "¿Hombre, por qué esperaste tanto?" El salvavidas le contestó: "si me hubiera lanzado al agua al momento de la emergencia, la adrenalina y la desesperación de ese hombre nos hubieran empujado como piedras al fondo del mar y hubiéramos muerto los dos. Había que esperar que se rindiera, que se cansara de luchar. Ese era el momento oportuno para poder rescatarle, porque ya iba a estar sin fuerzas y así era más fácil sacarlo del agua."

De esta historia quiero rescatar dos elementos que, a mi humilde entender, debemos tener presentes todos los que estamos en un proyecto laboral, sea un emprendimiento, en un empleo o buscando ser un mejor profesional:

- Estar preparados: En una ocasión, conversando con una emprendedora, me contó de lo importante que había sido para ella aprovechar todas y cada una de las oportunidades que había tenido para capacitarse. De esa forma, había aprendido sobre muchos temas y había podido ir creciendo en su negocio. Muchas veces menospreciamos una buena lectura, un curso o hasta un programa formativo en televisión por dedicarlo a actividades que no nos generan ningún valor. Entretienen, sí, pero no nos van a ayudar a ir preparando nuestro camino.

- Reconocer el momento para actuar: el salvavidas no se lanzó al agua a salvar al tipo pese al estado de desespero generalizado en la gente del barco ni a los intentos del hombre que se ahogaba. El salvavidas supo reconocer el momento, gracias a su experiencia y a que estaba preparado. Muchos proyectos fallan porque son producto de momentos emocionales de estrés, enojo o frustración. Debemos aprender a reconocer cuando es el momento de lanzarnos al agua.

Whitney Young, Jr dijo en cierta ocasión: *"Es mejor estar preparado para una oportunidad y no tenerla, que tener una oportunidad sin estar preparado"*. Yo, personalmente, creo que la oportunidad siempre va a llegar, pero si no la aprovechamos nosotros, alguien más lo hará. ¡Así que, preparate y esperá por tu oportunidad que viene de camino!

Para reflexión:

¿Alguna vez has emprendido algún proyecto profesional por un momento emocional? ¿Qué tal salió todo? ¿Qué habría sido diferente si no hubieras actuado por esa emoción?

En el entorno de incertidumbre en que se mueven las organizaciones, ¿qué pasos debemos tomar los equipos de trabajo para no dejarnos arrastrar por una emoción?

Una oportunidad con forma de balón

Es una simple bola de futbol pequeña que me regalaron alguna vez, con los colores del equipo de mis preferencias. Desde el día que llegó a mí, fue un simple adorno. Muy lindo, un recuerdo especial de quien me lo regaló, pero nada más. Un adorno.

En las últimas semanas, con los primeros pasos de mi hijo, llegó el llamado de su sangre latina de patear un balón. Y adivinen cuál fue el escogido para dar sus primeros pasos como futbolista: si, mi hoy ex-adorno.

Ahora, mi enano se divierte pateando el balón por toda la casa. Juega conmigo, con mi esposa, con los abuelos. La lanza con la mano y se va corriendo detrás de ella a patearla. Yo disfruto verle y hasta me emociona pensar en una potencial carrera como futbolista, en especial porque parece que va a ser zurdo, y ya sabemos que son muy cotizados. Pero eso es de broma, él podrá escoger el deporte que se le antoje y que disfrute.

Toda esta situación me hizo recordar que, justamente de la misma forma, son las oportunidades. Todos los días pasan frente a nuestras narices, nos silban, nos rozan el cabello, nos hablan desde la conversación con alguien más, se aparecen en nuestra pantalla de la computadora, sobre nuestro escritorio... pero no siempre las vemos.

La tragedia no radica en ello. Radica en que la oportunidad sigue buscando insistentemente quien le vuelva a ver, y no descansa hasta lograrlo. Y una vez que se establece la alianza con el afortunado/a, habrá un gran aprendizaje para esa persona, como mínimo.

Si, también creo en las segundas oportunidades. Son necesarias, justas y pueden cambiar la vida de alguien de la misma forma. El tema aquí es que debemos tener los sentidos alertas para reconocer las oportunidades que se nos presentan. Andar por la vida 'en automático' no nos favorece en nada. Aprovechemos el tiempo en actividades que nos ayuden a estar alerta en todo momento, viendo nuestra situación siempre de forma optimista y sabiendo que si tenemos las riendas nosotros, será más fácil salir adelante.

Mi hijo encontró la oportunidad de divertirse a su gusto con algo que, para mí, era un adorno. Eso le trajo una nueva forma de divertirse. Abrí los ojos, quizá veás alguna oportunidad por allí que te vaya a cambiar la vida.

Para reflexión:

¿Sos de los que no reconoce las oportunidades o de los que tienen temor de aprovecharla? ¿Cómo pasarse al equipo de los que reconocen las oportunidades y las aprovecha?

A nivel de nuestro equipo de trabajo, ¿cuál mecanismo utilizamos para detectar las oportunidades? ¿Vienen de adentro del equipo o de afuera? ¿Cuáles son las ventajas y desventajas de trabajar de ese modo?

La fila del supermercado

Siempre que voy a un supermercado, y en general a cualquier sitio donde tenga que hacer una fila, se inicia una aventura muy particular. No por las compras o servicio que vaya a necesitar, sino porque de 12 cajas potenciales para atender a los clientes, cuando yo aparezco por el lugar solo habrá 4 cajas trabajando. De verdad, es un hecho casi comprobado. Ese no es el problema. Tampoco es la cantidad de cosas que llevo para pagar o el propósito de mi presencia en ese sitio. El problema es que, de 10 ocasiones en que voy, en 7 de ellas me toca la fila más lenta.

Insisto en que no estoy inventando este fenómeno. Es como si yo fuera un imán hacia lo pasivo, a lo que va despacio, a lo lento. No sé de donde se origina tampoco, ya que mi metabolismo es acelerado y hasta cierto punto me gusta la velocidad. Tras de eso, en días pasados se publicó una encuesta donde los costarricenses consideran inaudito esperar más de 10 minutos en una fila de supermercado. La nota no solo sirvió para recordarme mi situación particular sino que hasta llegué a pensar que... ¡esos pobres no tienen ni la más remota idea de lo que es una fila de verdad!

Esta situación me llevó hace mucho tiempo a revisar mi actitud. Si es un hecho que soy un imán para la lentitud en el caso de las filas, ¿de qué me sirve molestarme? ¿La fila se va a mover más rápido si empiezo a hacer ruiditos con las monedas y a contagiar de negativismo al de atrás con mis comentarios agrios? ¿Hay alguna utilidad en ser grosero con el cajero al momento de atenderme, cuando probablemente él está teniendo un día peor que el mío? Si, claro, he hecho lo posible por escapar de las filas lentas, no lo niego. Pero una y otra ve regreso al carril de la derecha en la autopista de la vida —y del supermercado.

Una frase de esas anónimas en internet reza que no podemos escoger las cartas de la baraja que nos da la vida, pero si podemos escoger cómo las vamos a jugar. Creo una clave fundamental para las filas, para el trabajo en equipo, para los clientes, la familia, y en general para la vida, es precisamente esa: entender que son pocas las cosas de las que realmente tenemos control y que de lo que si tenemos control es de nuestra actitud y cómo reaccionamos ante los eventos adversos que se nos presentan.

Hay organizaciones que invitan a colaboradores y clientes a mostrar una sonrisa y así mejorar el día y el clima del lugar. Pero una sonrisa motivada por la 'invitación' de una jefatura no es sostenible. Debe nacer de adentro de nosotros, de un cambio de actitud, de una nueva perspectiva. Y eso es posible, quizá no el 100% de las veces, pero creánle al tipo que cae siempre en las filas lentas: funciona. Y es capaz de cambiarle la vida a quienes nos rodean.

Y por cierto, si nos encontramos alguna vez haciendo fila, ¡espero que vayás con tiempo porque muy posiblemente vaya para largo la espera!

Para reflexión:

Si hicieras una encuesta breve entre tus allegados, ¿cómo te definirían en los momentos complicados? ¿En qué áreas de tu vida se pone más de manifiesto esa actitud?
¿Cómo reacciona nuestro equipo de trabajo ante los retrasos y desviaciones que aparecen en los proyectos? ¿Qué trae como consecuencia nuestra manera de reaccionar?

Hoy toca correr

No, no me refiero a ir a correr a la calle necesariamente. Me refiero a las carreras y trajines que puede traer un día cualquiera de una semana cualquiera en un mes cualquiera.

A pesar de todos nuestros mejores esfuerzos por controlar el día, sus actividades y nuestro tiempo, resulta desalentador que en muchas ocasiones se vuelven infructuosos y somos arrastrados hacia el estrés y la frustración cual si fuéramos barcos de papel en medio de una corriente de agua.

Y conste, no estoy incluyendo ni familia no otros eventos externos, tales como el clima, el tránsito, el compañero de trabajo o el jefe que anda de malas el día de hoy. Sumando todo esos factores, es normal que lleguemos a preguntarnos en ocasiones cómo es que lo logramos.

Ese, precisamente, es el punto de mi reflexión: lo logramos. Quizá no de la mejor forma ni en el plazo que queríamos, pero se va logrando. Y si echamos la mirada para atrás, es muy probable que veamos cuánto hemos avanzado.

Ello debería servirnos de motivación. Un paso a la vez, hemos ido construyendo nuestra vida. Hemos tomado malas decisiones, enfrentado a desvíos, analizando posibilidades una y otra vez, hasta incluso alguna lágrima de impotencia habrá rodado por nuestra mejilla. Pero seguimos acá, ¿cierto? No nos hemos rendido, por esa razón es que no nos han derrotado.

Luego que terminés de leer esta reflexión, tomá un tiempo para analizar el camino recorrido a hoy. ¿Se puede hacer algo diferente? ¿Mi primer pensamiento del día es de gratitud, o por el contrario, de queja? Durante el día, ¿analizo lo que estoy haciendo? ¿Tengo claro el rumbo de mi vida? Si es así, ¿este camino por donde ando me llevará a ese destino?

Mañana probablemente vaya a ser un día complicado. De nuevo habrá que correr y no necesariamente haciendo ejercicio. Pero teniendo presente las respuestas a esas preguntas que hicimos, también considero probable que enfrentés lo que viene con una mejor actitud. Te animo a hacerlo. No te dejés llevar por la corriente, porque incluso en esos casos, podés estar atento para ponerte a salvo y salir adelante.

Para reflexión:

Pensá en la dificultad que estás enfrentado en este momento. ¿Desde dónde y cómo la estás enfrentando? ¿En qué momento de tu vida llegó? Si hubiera llegado un año atrás, ¿cómo te habría encontrado?
Es viernes, son las 15:00 horas y llega un email con malas noticias para el equipo de parte de la gerencia general o el jefe directo. ¿Cómo enfrentar el lunes siguiente luego de esas malas noticias?

ATREVETE A SER DIFERENTE

La diferenciación es clave en la actualidad. Para buscar empleo, para desarrollar un negocio, para diseñar un producto, hasta para buscar pareja.

Si no nos distinguimos del resto, nos volvemos invisibles.

Incluso, a niveles más cotidianos, el asunto de diferenciarnos está ahí, siempre vigente a nivel subconsciente. ¿Recordás lo que sentiste esa ocasión en que ibas estrenando un atuendo, bajo un sol radiante que llenaba de luz el día, orgulloso de mostrarte al mundo con una ropa tan espectacular que debería lanzarte casi que a las pasarelas de la alta costura en Madrid, Nueva York o Milán, tan solo para llegar a la esquina y toparte con alguien más que llevaba una ropa igual a la tuya?

Voy a especular, por supuesto en buen rollo. Seguramente la educación formal nos obligó a empezar a ser iguales. La intención era la mejor, el asunto es que había que estudiar y hacer los deberes y tareas de la misma forma, los exámenes eran iguales para todos, quizá nos educaron de forma que lo que decía el profe era santa palabra ¡y que ni se nos ocurriera equivocarnos! Castigados y con puntos menos en la nota final.

Luego, llenos de heridas y rasguños, pero vivos, llegamos al mercado laboral. ¿Y adivinan qué? El mismo formato de currículum, las entrevistas de RRHH midiéndonos a todos por igual, y una vez que sobrevivíamos a esos procesos de selección, pasar a estar bajo el mando de un tipo que nos trataba a todos por igual y, seguramente, nos cortaba las alas de la creatividad.

Quizá por eso la siguiente vez que vimos a alguien en la calle que andaba con la misma ropa, nos valió un pepino. Quizá por eso, ahora nos vale un pepino involucrarnos, comprometernos, mejorar, diferenciarnos. ¿*Pa'qué hacerlo*? Es más cómodo estar acá donde estamos.

Todos vinimos a la vida ya diferenciados. Tanto si crees en un Ser Superior o se lo dejás a un capricho del inerte destino, no hay forma alguna en que seás de la misma forma que otra persona. ¡Ni tus huellas digitales lo son! Siendo las cosas así, ¿para qué luchar contra vos mismo?

Ya escribimos al principio sobre lo importante de la diferenciación. Pero ahora vemos que es muy necesaria, para no ir por la vida deambulando sin rumbo fijo. Necesitamos atrevernos a ser diferentes nuevamente, sin miedo al error, sin miedo al qué dirán, sin miedo a nuestros complejos. Para empezar a elaborar un plan diferenciador, comparto tres palabras que considero claves y que encontré recientemente en un artículo de Jeffrey Pfeffer, académico, escritor e influenciador estadounidense en temas de Gerencia y Negocios. Hacelas tuyas:

1. Coraje
2. Enfoque
3. Ambición

Siempre las he leído, pero hasta que las puse en ese orden luego de leer el artículo del profesor Pfeffer les encontré sentido. ¿Lo podés ver? Cuando te disgustés con tu inconformidad, vas a tener el coraje de ponerle un alto a esa situación. Y entonces vas a poder enfocarte, a ver cómo salís de ahí y cómo lo vas a hacer. Pero además, te vas a volver ambicioso, porque al tener coraje y enfoque no hay forma de que perdás en tu atrevimiento de ser diferente, entonces conforme avancés vas a querer más y más.

Ese trabajo, ese negocio, ese producto, esa persona que nos gusta, está a tan sólo una diferenciación de distancia. ¿Nos animamos?

Para reflexión:

¿Cómo definirías en tus propias palabras "coraje", "enfoque" y ambición"? Animate a ponerlas juntas en una frase motivador de tu propia autoría. ¿Cuál sería esa frase?
¿Qué tan heterogéneo es nuestro equipo de trabajo? ¿Qué espacios podemos desarrollar para sacar mejor provecho de nuestra diversidad?

JOYITAS DEL DESARROLLO PERSONAL

Desde que empieza nuestra vida al momento de ser concebidos en el vientre de nuestras madres, empezamos a crecer, a desarrollarnos. No hay vuelta atrás. Lo mismo sucede con el resto de seres vivos. Hay un 'must', una obligación que la vida nos impone y es, precisamente, crecer.

Pero no lo limitemos meramente al plano físico –que de todos modos se va a dar. Reflexionemos sobre nuestro crecimiento personal. ¿Tengo argumentos para defender el hecho de que hoy soy mejor que ayer? ¿Hice algo que me permitiera ese lujo?

A nadie le gusta perder, entonces probablemente sintamos la tentación de contestar que sí, que hoy somos mejor que ayer.

¿Ajá? ¿Lo somos realmente?

No sé vos, pero una de mis actividades favoritas para buscar mi desarrollo personal es leer frases con tinte motivacional y de liderazgo. Son como pequeñas joyas para mí. Las disfruto, cuando tropiezo con ellas en algún libro las subrayo y hasta viralizo las que me desafiaron más. Empecé a hacerlo hace algunos años, cuando me hice parte del mundo de las redes sociales y a la fecha, aún lo hago en ocasiones.

Si lo que hiciste ayer te parece mucho hoy, no has hecho nada hoy.. –Elbert Hubbard

Inevitablemente, la situación actual nos obliga a cambiar. En esta época de tuits y compartir en Facebook e instagram, todos clamamos por nuestros derechos, sentimos que ahora pueden y deben escucharnos y nos sentimos ofendidos cuando alguien piensa diferente. Somos parte de un bando o del otro. ¿Cómo haremos nuestras luchas? ¿Con puros emocionalismos o de forma inteligente y con estrategia?

No tengás miedo de crecer, ten miedo de mantenerte en el mismo lugar.. – Benjamin Franklin

Sea que luchemos por nuestros derechos, que estemos en búsqueda de empleo o sencillamente sondeando estrategias para dar a conocer nuestra marca personal, necesitamos dar pasos en la dirección correcta. Es obligación vernos como los líderes de nuestra vida para asumir riesgos, tomar decisiones y comandar el timón que nos guía. Pero eso solo lo lograremos cuando decidamos hacerlo y dejemos de esperar que alguien más -el alcalde, el vecino, la pareja o el presidente- lo haga por nosotros.

Si no estás avanzando como aprendiz, estás retrocediendo como líder.. –John C. Maxwell

Cuando crecemos, todo cambia. La ropa que usábamos de niños ya no nos queda. Ya nos alimentamos de forma diferente a la de un bebé. Los años han pasado y ahora nos cuidamos más buscando tener hábitos saludables. Hoy esperamos una mejor remuneración que cuando iniciamos nuestro camino profesional. Todo cambia, y eso está bien, es señal de que, probablemente, estemos haciendo las cosas de la forma correcta. Pero para trascender, necesitamos caminar la milla extra.

La diferencia entre lo que hacemos y lo que podríamos hacer sería suficiente para resolver la mayor parte de los problemas del mundo.. –Mahatma Gandhi

La inmediatez en la que vivimos inmersos nos hace darnos cuenta al instante de eventos que suceden al otro lado del mundo. En ocasiones nos desalientan y perdemos la fe en la humanidad. En ocasiones hasta me he dicho que es una pena que al viejo Noé no lo haya dejado el arca que construyó en el diluvio universal. Sin embargo, cuando me doy cuenta que el vecino de al lado está sin empleo y sus hijos sin comida, recuerdo que no necesito ir al otro lado del mundo, porque puedo construir una mejor sociedad y un mejor mundo desde mi trinchera particular. Eso también es desarrollo personal.

Termino con la última joyita a la vez que te invito a reflexionar… y a crecer:

El mejor momento para sembrar un árbol es hace veinticinco años. El siguiente mejor momento es hoy.. –Anónimo

Para reflexión:

¿Qué frases usás como mantra o motivación? En caso de no tenerla, ¿cuál sería o cuál inventarías?
Si recolectamos todas las frases de motivación y ánimo del equipo de trabajo, ¿cuántas obtendríamos? ¿Reflejarían el equipo que somos?

Teorías de conspiración, a la inversa

Las teorías de conspiración son famosas, todos hemos escuchado al menos una en nuestra vida. Incluso, hay unas que son de alcance mundial. Que si Elvis está vivo, que si las encuestas políticas están manipuladas, que si los extraterrestres están entre nosotros, que si no existió el alunizaje, que si el Triángulo de las Bermudas, etc.

No voy a entrar a valorarlas, no es algo que realmente sea de mi interés. Las menciono porque cada uno de nosotros, de forma consciente o inconsciente, nos formamos nuestras propias teorías de conspiración.

Analízalo de esta forma: si nos despidieron de un trabajo, seguramente fue porque somos malos profesionales o trabajadores. Si el clima no nos gusta, es porque el mundo nos detesta. Si tenemos problemas con la pareja, es que está con ganas de mortificarnos. Si el jefe nos llama la atención con algo, es que nos quiere jorobar. Si el perro nos mueve la cola, es que seguramente quiere comida y no se interesa por nosotros.

A mi limitado entender, una teoría de conspiración busca explicar un evento con el justificante de un poder malévolo buscando manipular la situación para sus intereses egoístas. Tétrico. Si fuera cierto, ¿quién puede salvarse ante semejante fuerza maligna?

¿Y si más bien, le diéramos vuelta a la rosca y empezáramos a comportarnos como 'paranoicos positivos?

Pensalo de esta forma: el mundo y todas las fuerzas estarían conspirando contra vos, ¡pero para hacerte un bien! Si nos despidieron, seguramente es que viene una mejor oportunidad profesional. El jefe nos llamaría la atención para que mejoremos en ese aspecto puntual. El clima no nos gusta, pero es una de las formas que tenemos para darnos cuenta que estamos vivos y con nuestros sentidos activos. El perro nos movería la cola pidiendo comida, pero nos da cariño y compañía también.

¿Cómo mejoraría nuestra actitud y nuestras acciones si pensáramos que todos desean nuestro bien? ¿Qué se siente entrar a un partido sabiendo que ya tenés el marcador a tu favor?

Ahora bien, hay un par de elementos que mencionar para poder entender mejor esto de las paranoias a la inversa:

- Siempre habrá alguien que llegue a fallar, pero no vas a estar esperando eso de la otra persona. Si falló, no fue con mala intención, así que a buscar el lado positivo y a seguir caminando.

- Nada en la vida es gratis. Si vamos a ser una pandilla de 'paranoicos positivos', de igual forma hay que salir a buscar lo que queremos, sentados en nuestra casa sin hacer nada no es el camino para tener lo que deseamos en la vida.

Todos los días sale el sol por la mañana, hace su recorrido por el cielo y al caer la tarde se esconde tras el horizonte. Desde hace miles de años ha sido así y seguramente por otros tantos miles de años lo seguirá haciendo. La vida no se detiene a esperar que te decidás a hacer algo, ella sigue su andanza independientemente de lo que decidamos hacer. Así que, ¡manos a la obra! A caminar por la vida con la mejor actitud que podamos tener: la de los paranoicos positivos.

Para reflexión:

Los pensamientos negativos parecieran ser los más recurrentes. ¿Cómo los identificás y qué tan fácil/difícil se te hace cambiarlos?
¿Cómo son mis pensamientos al estar con el equipo de trabajo? ¿Construyen o sabotean?

Alégrate por lo bueno de los demás

Que desdichada debe ser la vida de un envidioso. Tener que vivir sufriendo los éxitos ajenos, soportando cómo la demás gente es feliz y cómo se van realizando. Es especialmente difícil en un tiempo en que las redes sociales son agentes propagadores de esas 'tragedias' y cuando, por la situación de incertidumbre en la que vivimos en la actualidad, hay muchísimas personas empeñadas en ser felices, en desarrollarse ellos y a quienes les acompañan por la vida y, en general, a construir un mejor mundo.

Debe ser difícil darse cuenta que al vecino lo ascendieron en su trabajo, que el vecino del frente está remodelando su casa y que el otro, el de la casa diagonal, viajó recientemente de vacaciones con toda su familia al extranjero.

La situación se complica al darse cuenta que aquel colega, que se había quedado sin trabajo hace unas semanas, ya se colocó en otra empresa. Tiene esa manía tan desesperante de ser algo que llama 'optimista y positivo'. Y ni se nos ocurra invocar a aquella persona que, luego de su jornada laboral, se le ocurrió buscarse un ingreso extra y ahora lleva una vida tranquila y sin deudas.

Que desdichada debe ser la vida de un envidioso. Estar todo el día pensando en lo que no tiene, envidiando a los demás y sufriendo dentro de sí con una actitud que no le llevará muy lejos en la vida.

Por supuesto, nosotros no somos así. Nosotros tenemos presente aquella máxima de vida que dice que una pena compartida es la mitad de una pena, y que una alegría compartida es una alegría al doble. Estar feliz por los demás y alegrarse por las cosas buenas que les suceden es un síntoma de salud emocional, de madurez y de agradecimiento.

¿Agradecimiento aunque a mí no me vaya tan bien? ¡Claro! Si empezamos a analizar lo que tenemos, nos daremos cuenta que tenemos muchas más alegrías y cosas buenas de las que pensamos, que podemos disfrutar y que también podemos compartir. El mismo hecho de que podás estar leyendo este artículo (¡gracias por ello!) quiere decir que estás mucho mejor que alrededor de 758 millones de adultos en el mundo que no saben leer ni escribir, según una publicación de la Unesco de inicios del 2017.

Por esa razón es que nos alegramos de la remodelación de la casa del vecino, porque seguramente viene más familia en camino. Y también nos alegramos por los que viajaron al extranjero, porque era la primera vez que tenían la posibilidad de salir del país y conocer más mundo. Y ni hablar del colega que consiguió trabajo rápido, ya que debe ser difícil estar en paro cuando tenés hijos pequeños.

¿Y nosotros? Hay salud, esperanza y optimismo. El trance difícil que estamos atravesando es solamente eso, un trance. Pasará. Nos levantaremos. Echaremos la mirada atrás y agradeceremos por ese momento difícil, por lo que nos enseñó y porque ahora estaremos mucho mejor. Y además, nos alegraremos con lo bueno que le está sucediendo a los demás.

Para reflexión:

¿Cuándo fue la última vez que hiciste un inventario de cosas por agradecer que hay en tu vida? ¿Qué necesitás hacer para convertirlo en un hábito diario?
¿Cómo involucrar el agradecimiento en las reuniones que tiene nuestro equipo de trabajo? ¿Qué beneficios podríamos obtener al hacerlo?

Date una nueva oportunidad

Una manera romántica de ver la vida es pensar en cada día como una nueva oportunidad. Cada día el sol se levanta y empieza su andanza. No importa si estamos en invierno, si amanece nublado o tenemos días de poca luz. Allá en el cielo siempre va a estar él.

Nuestros relojes, calendarios y gadgets relacionados con el tiempo también nos ofrecen una nueva oportunidad. Un día de 24 horas nuevecito para que lo aprovechemos. Atrás quedaron los errores y lo que dejamos de hacer ayer. Hoy va de nuevo.

Y mañana será igual. Y pasado mañana. Y así hasta que el Creador, el universo, el azar o quien creás que te puso acá lo decida. Mientras haya vida, habrá esperanza y nuevas oportunidades.

No quiero meterme en el tema de las consecuencias de nuestros actos del ayer. En algún momento tendremos que pagar la factura que hemos ido llenando a hoy. De eso no hay escapatoria, así que no pasa nada. Prefiero pensar que quien me lee lo tiene claro y más bien está enfocado en intentar ser mejor de lo que es, en aprovechar bien el tiempo y las nuevas oportunidades que tenemos en nuestro andar.

Hay un par de sugerencias que quiero compartir al respecto. ¡Es que son tantas oportunidades que hay que me parece una pena que se nos escapen sin hacer nada con ellas!

- Creá tu suerte. Por esa razón es que existe el autoempleo o el emprendurismo, ya nadie anda en un coche Ford Modelo T de color negro y el ser humano ya está pensando en llegar a Marte. Cuando alguien nos rechaza, nos desprecia o se nos presenta un obstáculo o un desafío, nos brinda una oportunidad de superarnos a nosotros mismos. ¿Qué es eso de quedarnos resignados solo porque el dueño de la Ford nos dice que solo va a hacer coches negros? Pues nada, que nos hacemos nosotros nuestro propio coche, con el estilo y color que nos da la gana. ¿Que tu ex empresa te despidió? Nos buscamos otra o nos autoempleamos, ¡y listo! Quien pierde es ella, no nosotros. Aprendamos a crear nuestra propia suerte, a tomar el volante de nuestra vida y a ir a por todas.

- Si te da miedo hacerlo, hacelo con miedo de todos modos. No hay mucho que ampliar aquí, es hacerlo y punto. Aprovechar cada nuevo día, cada nueva conversación, cada nueva oportunidad que se nos presente. Intentar hacerlo mejor esta vez.

El pasado 21 de agosto del 2017, a las 16:35 hora de Costa Rica, nació Julissa, mi hija. En otras ocasiones he escrito sobre Josué, mi hijo mayor, y algo de lo mucho que me ha enseñado. Ahora viene Julissa a traer más luz y amor a mi vida y, como un nuevo amanecer, a darme una nueva oportunidad de tratar de ser mejor padre para ella y su hermano mayor, de ser un mejor esposo para Grettel, de ser un mejor amigo para mis amigos y familia y de ser un mejor profesional para mis clientes y colegas.

Celebro la vida de mi hija y agradezco por una nueva oportunidad para tratar de hacerlo bien. ¡Y espero que también vos, mi amigo y amiga que me leés, podás tener muchas nuevas oportunidades para buscar tu mejor versión!

Para reflexión:

¿Cómo te va cuando pensamos en las oportunidades que dejamos pasar antes? ¿Qué tan duro somos al juzgarnos? ¿Cuánto influye eso al momento de valorar una nueva oportunidad que vemos?

¿Cuál es el proceso que tenemos como equipo para detectar, valorar y aprovechar las oportunidades que se nos presentan? ¿Cómo mejorarlo?

SOBRE METEDURAS DE PATA Y OTRAS ACTIVIDADES HUMANAS

Hace algunos días almorcé en la zona de comidas de un centro comercial, por lo que quise aprovechar e ir a distraerme viendo tiendas. En una de ellas tenían a la venta varios estilos de los famosos cubos rubik o cubos mágicos.

Por un momento, me trasladé a mi infancia allá por los 80's, donde esos cubos eran juguete obligatorio para los niños de mi edad. Recordando eso y pensando en hacerle un regalo 'inteligente' a mi hijo, le solicité a la vendedora que me prestara unos. Había varios estilos y unos hasta con diseños modernos, donde el cubo se forma a partir de figuras geométricas y no necesariamente de cuadrados, como los cubos originales.

Mientras manipulaba uno de esos cubos de estilo moderno, recordaba de nuevo mi infancia allá en el sur de San José de Costa Rica, y a la vez imaginaba la cara de felicidad de mi hijo por el regalo innovador y futurista que le daría su papá. Y era tal la ilusión que, cuando caí en cuenta, no tenía ni la más remota idea de cómo volver a armar el cubo a su forma original.

Esa cosa en mis manos pasó de ser un regalo lleno de ilusión a ser un completo quebradero de cabeza. ¿Cómo $/&%@# se arma? ¿Les comenté ya que nunca en la vida he podido armar uno?

Creo que no debí hacerle ese comentario a la vendedora. Me miró con una cara de impotencia mezclada con desconcierto que no me quedó de otra. Debido a la metida de pata con el bendito cubo, convertido ahora en una figura extraña, terminé comprándolo. ¡Vamos, no pude dejárselo así a la pobre vendedora!

Ahora, la figura geométrica sin forma definida me acompaña a diario en mi mesa de trabajo. Existe la posibilidad de que quizá nunca más en la vida volverá a su estado original, al igual que nosotros tampoco deberíamos hacerlo luego de una metedura de pata.

Siempre que nos equivocamos, o que algo sale mal, o que 'fracasamos', tenemos la tendencia a reaccionar: nos culpamos, nuestro discurso interno se vuelve duro e insensible con nosotros mismos, nos disminuimos. Probablemente, a lo externo buscaremos un culpable: el clima, el perro, el vecino, el jefe de gobierno. La reacción es normal, como seres humanos que somos siempre vamos a tener la necesidad de reaccionar a cualquier evento, en especial si desde nuestra perspectiva es negativo para nuestros intereses. El problema es que, en muchas ocasiones, nuestra reacción es excesiva y nos quedamos ahí. Se nos olvida que podemos –y debemos- responder a ese evento.

¿Cómo respondo a una metida de pata? Aprendiendo de ella, permitiéndole que me enseñe algo que puedo usar en mi propio beneficio. Levantándome. Esa lección me permitirá ser una mejor persona, a la vez que mejorará todas las áreas de nuestra vida. No volveremos a ser los mismos de antes.

Es un tema de actitud. ¿Cómo catalogás a una 'metida de pata'? ¿Cómo un evento lapidario o como un obstáculo más a superar? De cómo respondas a los eventos de la vida, más que tu forma de reaccionar a ellos, es que lograrás salir adelante y conseguir aquello que te propones.

¿Y nosotros? Hay salud, esperanza y optimismo. El trance difícil que estamos atravesando es solamente eso, un trance. Pasará. Nos levantaremos. Echaremos la mirada atrás y agradeceremos por ese momento difícil, por lo que nos enseñó y porque ahora estaremos mucho mejor. Y además, nos alegraremos con lo bueno que le está sucediendo a los demás.

Para reflexión:

Hagamos énfasis una de las preguntas del artículo: ¿Cómo catalogás a una 'metida de pata'? ¿Cómo un evento lapidario o como un obstáculo más a superar? Y en el equipo de trabajo, ¿qué le sucede cuando alguien mete la pata? ¿Será lo mejor ese proceso que se lleva a cabo? ¿Cómo mejorarlo?

Liderazgo

"... para tomar la iniciativa y las riendas de nuestra vida emprendedora y profesional, es necesario alzar la vista y ver que hay un horizonte que nos espera... "

El liderazgo según Mr. Giuliani – Primera parte

Nueva York, la magnética ciudad donde viven 8 millones de personas, sufrió unos atentados terroristas en setiembre del 2001 donde perdieron la vida varios cientos de personas y en los siguientes meses debieron lidiar con problemas de toda índole, económicos, sociales y de seguridad. A pesar de eso y del trasfondo político que llevó a producirse la tragedia –tema para otro día, la ciudad se levantó y hoy por hoy sigue creciendo.

¿Quién fue el hombre que logró levantar a la ciudad, no sólo de los actos terroristas sino también de la inseguridad en sus calles y del desempleo que existían como problemas crónicos? Se trata de Rudolph Giuliani, un abogado, empresario y político estadounidense.

Nombrado por la revista Time como 'Hombre del año 2001', el señor Giuliani habla en sus conferencias sobre algunas claves que ha puesto en práctica en su vida, en el ámbito del liderazgo, no sólo como alcalde de una de las ciudades más famosas del mundo sino también como hombre de negocios. En este y en los siguientes artículos semanales iremos estudiando esas claves.

- **Tener tus valores claros.**

   Estar al frente de una organización, de una familia, de una asociación social o incluso de uno mismo, puede ser ilustrado como ser el capitán de un barco. Estamos en un punto determinado y debemos llegar a nuestro puerto. En ese momento, ya debemos tener claros un conjunto de valores, que serán los que marquen el camino a seguir. ¿Por qué? Porque en la travesía enfrentaremos tormentas, las inclemencias del sol, la duda, la inconformidad con parte del equipo a nuestro cargo, con nuestras inseguridades, etc. No será una travesía placentera porque, simplemente, eso no existe en el mundo. Nuestra lista de valores convertirá nuestro liderazgo en una dirección a seguir, no en una reacción a los eventos que no sucedan en el camino. De esta forma, los esfuerzos, energías y recursos estarán enrumbados hacia el puerto donde queremos llegar.

Para quienes estamos en ese proceso, clarificar nuestros valores puede que no llegue a ser una tarea sencilla. Incluso, puede demandarnos mucho tiempo, porque debe ser un análisis profundo que involucre preguntas como "¿Qué quiero lograr en la vida?", "¿Cómo lo puedo lograr?" y "¿Qué necesito para lograrlo que no tengo aún?". Ese tipo de preguntas nos van a obligar a pensar, van a hacer que nos incomodemos en nuestra cómoda silla donde se nos va la vida y, espero, nos obligarán a levantarnos y a tomar acción.

Para reflexión:

Si hicieras un listado de tus cinco valores principales, ¿cuáles serían? Y de esa lista, ¿los tres más importantes? ¿Realmente te han guiado a través de tu travesía por la vida?

Los equipos de trabajo y organizaciones suelen tener una lista de valores. ¿Podemos ennumerar los nuestros? ¿Cuáles serían los que predominan en nuestras acciones?

El liderazgo según Mr. Giuliani – Segunda parte

Hoy seguimos analizando algunas claves que Rudolph Giuliani, exalcalde de Nueva York, nos comparte para fortalecer nuestro liderazgo, a partir de su experiencia como alcalde y como hombre de negocios:

- **Ser optimista**

    Hay dos elementos dentro del optimismo que es bueno recalcar. Primero, el optimismo necesario para poder ver el mundo con calma, pese a que a nuestro alrededor la situación se esté cayendo en mil pedazos. Imagino que ya hemos estado en una situación de esas: los teléfonos suenan todo el día, el correo acumulado en el buzón de entrada, una lista de pendientes que no se acaba, un par de colaboradores con problemas de salud, un cliente molesto por alguna situación particular, el reloj que no deja de avanzar y nosotros, a las 3:00 pm, que no hemos arrancado con las tareas asignadas para ese día. ¿Se puede ser optimista en un momento así? Si, se puede. El 'cómo' es la tarea pendiente de averiguar e implementar, porque al final, somos los líderes.

    Eso nos lleva al segundo punto: Debemos ser optimistas en una situación de locura o dramatismo porque los líderes optimistas resuelven las cosas. Ellos tienen la visión, saben a dónde ir y tienen la firme intención de que el engranaje siga en movimiento. Un líder que resuelve problemas es una persona atractiva e influyente, además tiene las puertas abiertas en todo momento y la oportunidad siempre llega a buscarle. Ser optimista, en resumen, es mantenerse sereno para resolver los problemas que a diario se presentan.

- **Tener coraje**

Mr. Giuliani describe al coraje como la habilidad o fuerza para superar el temor, aprender la lección y crecer. Es un proceso cuyos componentes van de la mano, si nos saltamos uno, se convierten en cualquier otra cosa menos coraje. El miedo es algo que siempre ha existido, es una reacción de los seres vivos hacía algo desconocido y nos permite caer en cuenta de que hay algo mal. Debemos aprender a reconocer el origen del miedo y a gestionar nuestra reacción. Una vez que lo identificamos, lo hacemos parte de nuestra vida, de nuestra ruta diaria y con ese apunte nuevo, nuestro bagaje profesional crece. ¡Es una ecuación donde no hay forma de perder! Y de nuevo, un líder valiente y con coraje, atrae sólo cosas buenas para él y su organización.

- **Entrenarse constantemente**

Aprender mucho nunca ha matado a nadie. Algunos excesivos terminan locos pero por el uso indebido de la información, sin embargo, para un líder en crecimiento, entrenarse de forma constante es un valor agregado que siempre le dará buenos réditos. Alguna vez, me gané en un sorteo la matrícula a un triatlón. Yo fui emocionado a participar, obviamente, pero resulta que tenía un mes de no ir a entrenar natación. Exacto, sufrí demasiado en el agua y luego tuve que esforzarme al máximo en las otras dos disciplinas para escalar posiciones y no aparecer tan rezagado en mis registros personales. Un líder tiene presentes sus limitaciones y trabaja en ellas de forma constante, y lo mismo con su equipo, les apoya y adecua un equipo de trabajo donde todas las áreas estén cubiertas.

Para reflexión:

¿Dónde está la frontera entre optimistas, realistas y pesimistas? ¿Cómo saber en cuál de ellas estamos realmente?
¿En que áreas puntuales nos estamos quedando rezagados como equipo? ¿Cuál plan de acción podemos ejecutar para actualizarnos?

El liderazgo según Mr. Giuliani – Parte final

Valores claros. Optimismo. Tener coraje. Entrenarse constantemente. Parte de la madera de la que debe estar hecha un líder.

Hemos reflexionado en cada uno de ellos durante las últimas semanas. Hoy analizaremos las dos últimas claves, que son las que dan significado y relevancia práctica a las anteriores.

- **Trabajar en equipo**

El cine nos suele mostrar ocasionalmente a héroes que resuelven todo y salvan a la humanidad ellos solos. Recuerdo al Zorro, a Superman y hasta al inagotable Rambo. Se llevan las portadas, los créditos y todos viven embelesados por sus formidables actuaciones. Eso ha contribuido a que en nuestras mentes, los líderes pensemos que en nuestros ámbitos de vida profesional y personal nosotros somos los héroes llamados a salvar a los demás. Como somos los que tenemos la idea, los valientes, los que 'sabemos cómo se hacen las cosas', es normal que nos lancemos de bruces a hacer todo. Eso es un error garrafal.

Nadie ha podido jamás realizar un trabajo de forma solitaria, siempre hay un equipo (visible o invisible) detrás, en silencio muchas veces, que está en la misma trinchera luchando por el mismo objetivo. Si no me cree, piense en Alfred y sus consejos a Bruce Wayne –Batman-, o en Tornado, el fiel caballo del Zorro, siempre a la distancia de un silbido. Y de forma más personal, en ese administrador que con carisma tiene a su equipo trabajando por subir las ventas, o en la secretaria que con su sonrisa atiende de buena gana hasta al cliente más complicado que puede tener.

Los líderes saben trabajar en equipo. Conocen sus propias debilidades y fortalezas y con base en ello, trabaja para mejorarse a sí mismo y al equipo que le rodea.

- **Saber comunicar**

Ya alguna vez habíamos reflexionado en este tema. Podemos tener al equipo más dedicado del mundo, pero si no saben para donde van, cualquier camino que tomen les parecerá el adecuado. Y no se trata sólo de comunicar una idea de negocio, se trata de comunicar valores, de ser consistente en nuestro mensaje verbal con el no-verbal.

Un buen líder se invierte en su equipo e invierte tiempo en conocer las mejores formas de comunicarse con ellos. Blair Singer, escritor del libro 'Vendedores Perros' comenta que los grandes líderes son grandes comunicadores. Los líderes comunican y ellos traen inspiración e ideas. Recuerdo que J.F. Keneddy, en uno de sus discursos, mencionar que el ser humano podría alcanzar la luna. Menos de 10 años después, se logró.

En una conferencia para la organización HSM Inspiring Ideas, Giuliani habló de la importancia de que un líder sea una persona auténtica. Eso deja espacio para el mejoramiento personal y profesional. Seamos líderes que buscan la excelencia. Estas claves que hemos compartido de su experiencia nos pueden ayudar a lograrlo.

Para reflexión:

¿Ya tenés identificado al equipo detrás de tus éxitos? ¿Cómo podés agradecerles el hecho de estar ahí? ¿Inspirás al momento de comunicarte con ellos, aunque sea una conversación difícil?

No brain no gain

Cuando iba a entrenar a un gimnasio hace algunos años, mi entrenador solía decir una frase motivacional que es muy popular: *"no pain no gain"*. Una traducción sencilla al español sería: "sin dolor no hay ganancia". Con todos sus pupilos la usaba. Y tiene su razón de ser, en cualquier área de la vida, si no nos esforzamos, si no llegamos al límite de nuestras fuerzas y capacidades, nunca nos daremos cuenta de todo nuestro potencial. Si no movemos nuestra frontera de posibilidades, ella se quedará en el mismo lugar para siempre.

Con el pasar de los años, me he dado cuenta que esa frase no lo es todo en cuanto al logro. Hay una mejor forma de lograr ampliar nuestras capacidades: "no brain, no gain". Sin cerebro no hay ganancia. Implica que en lugar de alcanzar las cosas por la fuerza, lo hagamos de forma inteligente.

Ilustrémoslo con algo simple: si necesito mover una piedra grande de mi camino, puedo hacerlo con fuerza, empujándola hasta que la logro mover. O también puedo buscar una piedra más pequeña que me sirva de cuña y con un palo mover la piedra. Mi esfuerzo va a ser menor y de todos modos lograré el objetivo.

Llevando la frase a la nuestra vida cotidiana como profesionales, hay algunos elementos que nos pueden ayudar a lograr los objetivos que tenemos de una forma más inteligente. Recientemente, The Australian Institute of Management publicó un artículo donde comentan siete hábitos que ayudan a los líderes a alcanzar el mejor desempeño en sus vidas. Los vamos a comentar brevemente porque, quizá ellos nos proporcionen una ventaja importante en nuestro andar profesional:

- Relaciones: La facilidad para conectar socialmente y desarrollar y mantener relaciones es importante para un líder. Desde la relación con su círculo familiar cercano hasta el trato cortés y amable a un desconocido, la inversión de energía en esta área nos muestra la clase de líder con la que estamos tratando y nos brinda también un parámetro de cuánto debemos crecer en nuestras relaciones.

- Actividad física: Hay pocas opciones mejores que una adecuada actividad física para temas como el anti-envejecimiento, la gestión del estrés, la depresión, ansiedades y la salud física y mental. Hay estudios que demuestran los beneficios de la actividad física pero no solo debemos hacerlo por ello, sino también por disfrute.

- Dieta: Una dieta balanceada favorece la salud, el buen funcionamiento del organismo y ayuda a evitar la aparición de diversos tipos de cáncer, ataques cardíacos y otros males. ¡Revisemos lo que nos llevamos a la boca!

- Bebida: Es un tema controvertido en una sociedad en la que se asocia el abuso del alcohol con algo digno de admirar. La realidad es que lejos de ser algo para resaltar, es una situación que genera problemas a nivel físico, tales como alta presión sanguínea, enfermedades y se asocia con, al menos, 10 tipos de cáncer, sin contar problemas de insomnio, humor y hasta familiares.

- Sueño: Aunque no son dormilones, los líderes duermen. En general se recomienda entre siete y nueve horas al día, según estudios que ha hecho The National Sleep Foundation en Estados Unidos. Incluso cuando existen muchos viajes de trabajo de por medio, hay que buscar siempre la forma de dormir bien.

- Actitud: Hay varias cosas que resaltar en el tema de la actitud de un líder exitoso: un adecuado manejo de sus mentes, de forma que incluso estando en casa no están enfocados en el trabajo; rehúsan volverse negativos aún en entornos difíciles y si caen en negativismo, cambian su mentalidad y por último, gestionan bien su tiempo, entendiendo la diferencia entre lo urgente y lo importante.

- Consejo: Muchísimos de los mejores y más exitosos profesionales han entendido la importancia de tener un mentor, un coach o una guía que les apoye. Aparte de eso, también han aprendido a filtrar los consejos y sugerencias bien intencionadas en las áreas que consideran importantes.

Una adecuada valoración de estos puntos, tratando de mejorar aquellos donde estamos flojos, nos va a permitir superarnos en nuestro desempeño profesional, usando el cerebro y no solo las fuerzas físicas.

Para reflexión:

¿En cuáles hábitos de esa lista quedamos debiendo? ¿En qué orden de importancia los pondrías?
¿Proveo un espacio y las facilidades a mi alcance para que el equipo de trabajo pueda desarrollar esos hábitos? ¿Cuál podemos adoptar y cultivar como hábito y valor del equipo?

EL TIPO DEL ESPEJO: DOS PRINCIPIOS DE LIDERAZGO

El liderazgo tiene la particularidad de ser un concepto que puede ser muy concreto por un lado pero totalmente abstracto por otro. Puede significar una cosa para el dueño de la empresa, quien hasta podría definirlo con gran elocuencia, mientras que para el colaborador más sencillo de esa misma empresa podría ser tan sólo el sinónimo del título de su jefe inmediato.

Eso significa que cada día que pasa hay que ir construyendo un concepto y estilo propios de quienes estamos involucrados en el tema. Recientemente leí un artículo sobre liderazgo, escrito por el Australian Institute of Management. Hace mención de dos aspectos que me llamaron la atención y deseo compartir brevemente, tomados de la ilustración de vernos en un espejo:

- Liderarnos a nosotros mismos antes de liderar a otros

Según una clasificación que hace John Maxwell, una autoridad en temas de liderazgo, el nivel más básico de liderazgo se da cuando, por posición y autoridad, una persona está al frente de un equipo. En palabras más simples, cuando es el jefe. Bueno o malo, conveniente o no, guste o no, la gente debe hacer lo que él dice porque, sencillamente, es el jefe. Sin embargo, ese tipo de liderazgo no es sostenible en el largo plazo por las reacciones adversas que con toda seguridad provocará.

Este punto busca hacer conciencia en que, si yo no me escucho a mí mismo, ¿por qué alguien más lo haría? Si soy impuntual, ¿por qué exijo puntualidad en mi equipo de trabajo? Mostrar debilidades de carácter de ese tipo y no buscar la manera de mejorarlas terminarán siendo un problema al momento de ejercer el liderazgo. Es necesario empezar la tarea de liderazgo en nosotros mismos y qué mejor forma de hacerlo que mejorándonos.

- Tu comportamiento es el primer y único ejemplo

La realidad, pura y llana, es que TODO lo que hagamos es un ejemplo para nuestro equipo, seamos conscientes o no.

Una forma en que podemos darnos cuenta de la importancia del ejemplo que damos es recordar a los líderes que hemos tenido. ¿Qué recordamos de ellos y la forma en que se desenvolvían en su rol de líderes? Podemos hacer una lista. Luego, recordemos cómo nos afectó cada uno de esos puntos de la lista, para bien y para mal. Ahora, hagamos el ejercicio al revés. ¿Qué dirá nuestro equipo de nosotros? ¿Cómo les está afectando el ejemplo que damos como líderes? Ver a través del lente de los demás y ser conscientes de nuestras acciones es una estupenda forma de entender que en nuestros hombros reposa mucha responsabilidad.

Mejorar nuestro liderazgo requerirá muchas veces tener que enfrentarnos con el tipo(a) del espejo. Hablaremos, negociaremos, intentaremos llegar a algo. Habrá días buenos y otros en que ni de broma querremos verle. Pero hay que hacerlo. El primer beneficiado seremos nosotros mismos y quienes estén a nuestro alrededor lo agradecerán.

Para reflexión:

¿Qué tipo de líder ves al mirarte al espejo? ¿Cómo mejorar su influencia?

¿Estamos reproduciendo el modelo de liderazgo de alguien más con nuestro equipo? ¿Qué tal si empezamos a desarrollar un liderazgo más auténtico, apegado a nuestros valores? ¿Cómo podríamos implementarlo?

LIDERANDO PERSONAS

No crean, estimados amigos que me leen en esta ocasión, que el título del artículo fue sencillo de elegir. Es decir, quienes estamos en posiciones de liderazgo, efectivamente lideramos personas. Por esa razón, el título parece una obviedad.

Sin embargo, si analizamos nuestro entorno cercano, el de nuestras organizaciones y hasta a nivel mundial, parece que en ocasiones se nos olvida y más bien actuamos como si lideráramos fajos de billetes, computadoras, automóviles o cualquier otro elemento tangible.

En algún momento en mis primeros años universitarios, escuché una famosa frase que nos motiva a dejar los problemas de la casa fuera de la oficina y trabajar dando el 100% en procura de los logros de la organización. Una belleza de frase tan teórica como aquella que decía que el agua es un recurso inagotable (si, esa también la leí alguna vez de niño).

Ambos sabemos que ninguna de las dos frases es cierta. No es cierto que el agua sea inagotable y mucho menos que podemos dejar los problemas de casa afuera de la oficina. Sin embargo, ¡cuántas veces insistimos en eso! Nuestros equipos de trabajo están desmotivados, agobiados y alguno que otro con dificultades familiares (si, eso sucede a menudo) y los líderes ni cuenta nos damos, todo por estar exigiendo el 101%.

Lideramos personas. Es tan obvio y por esa razón, creo, tan fácil de olvidar. Entre algunos de sus escritos, John C. Maxwell, comentaba que las personas son espejos, que van a reflejar la actitud de su líder. También recomienda cuatro pasos importantes que todo líder debe dar en su camino al liderar personas:

- Recuerde sus nombres: nada hace sentir más importante a una persona.
- Reconozca su potencial: nada hace sentir más especial a una persona.
- Requiérales de su ayuda: nada hace que una persona se sienta más útil.
- Recompense sus esfuerzos: nada hace sentir más valiosa a una personal.

Maya Angelou, una escritora y activista estadounidense, escribió en cierta ocasión: *"Las personas olvidarán lo que dijiste y lo que hiciste, pero nunca olvidarán cómo las hiciste sentir"*. Mejoremos nuestra actitud como líderes y procurémosle a nuestros equipos de trabajo un ambiente de crecimiento, con dignidad, respeto y reconocimiento.

Para reflexión:

¿Podés ennumerar a tres personas que hayan sido vitales en el desarrollo de tu liderazgo? ¿Alguna vez les agradeciste por lo que te aportaron?
¿Dentro de nuestro equipo, quienes son los que nos inspiran? ¿Qué aprender de ellos y como potenciar al resto a tener la misma actitud?

Líderes silenciosos

Cuando se habla y se piensa en el liderazgo, muy a menudo cometemos la injusticia de relacionar a los grandes líderes que gestionan y propician los cambios solamente con personajes históricos de quienes tenemos basta información sobre sus actuaciones, o con los líderes actuales que se admiran y que son portada de grandes revistas o titulares en las noticias.

Eso, por sí mismo, no está mal. La inmediatez que tenemos como resultado del auge de la tecnología nos permite darnos cuenta casi al instante de los grandes cambios que se dan en el mundo, y de esta forma llevar cuenta de lo que está ocurriendo y lo que podemos esperar a futuro.

Sin embargo, según una publicación de la revista HSM Management, con frecuencia los mejores líderes son los que menos se preocupan por serlo. No están interesados en la luz de los reflectores, en los micrófonos de los grandes foros internacionales y mucho menos en las portadas o la cantidad de seguidores en redes sociales. Están dedicados a lo suyo.

Esta situación cambia el paradigma de los grandes líderes, que como mencioné, se suele ser injusto en solamente reconocer a una parte muy pequeña de ellos. Existen multitud de líderes anónimos y silenciosos que están empeñados en realizar su tarea y muy probablemente ni se detienen a pensar en si son líderes o no. La buena noticia es que podemos aprender mucho de ellos también.

Cuando alguno de nosotros es capaz de gestionar su propia vida y liderazgo, casi sin darnos cuenta producimos un grupo de seguidores que se inspiran en nuestra actitud. Ya sabemos que el liderazgo es influencia, así que más que influir por medio de resultados –que a veces no se lograrán, se influye por la actitud.

La mayor demanda de dotes de liderazgo se da en situaciones cotidianas, no solamente en grandes corporaciones o en instancias políticas. Es en el deporte amateur, en el hogar, en los salones de clase, las comunidades de fe y las aulas de clases donde se demandan decisiones y líderes, a diario y de forma permanente.

Las situaciones y los personajes de cada historia pueden variar, pero los secretos para ser un gran líder –en términos de resultados, no de exposición pública, se pueden resumir en unos pasos que todos podemos aplicar:

- Tenga claro qué es lo que quiere: terminar los estudios, un mejor trabajo, una comunidad más segura, apoyar a más familias necesitadas. Lo que sea que queramos, hay que tenerlo claro.

- No se preocupe: ocúpese. El tiempo que usamos para imaginar fatalidades podemos utilizarlo para trabajar para nuestro objetivo.

- No piense en lo que puede salir mal: mejor piense en lo lindo que será terminar de buena forma la labor.

- Haga su trabajo: llenemos nuestros corazones de coraje inspirándonos en personas exitosas y a la vez, tengamos la información que nos dé confianza en lo que estamos realizando.

- Actúe: si estamos claros con lo que queremos, evaluamos las posibilidades y tenemos la información, no hay más opción que ponernos en movimiento. Así de sencillo.

Cuando nos gestionamos a nosotros mismos como grandes líderes y lo hacemos de la forma correcta, es muy probable que poco a poco vayamos sumando seguidores en el camino. Pero, ojo, los seguidores no son para que nos suban al podio y lucirnos, sino para sumar manos a nuestra labor, porque al final de cuentas, los líderes somos uno más del equipo.

Para reflexión:

¿En quienes estará influyendo nuestra actitud diaria? ¿Cómo podemos medirlo y mejorarlo si fuera necesario?

Las jefaturas jerárquicas del equipo, ¿somos uno más o miramos la acción desde lejos? ¿Cómo involucrarnos más?

Un feedback a tiempo

Me escribió un amigo... Primero me saluda, luego me pregunta sobre el grupo con el que entreno atletismo y luego me cuenta que anda buscando cambiar de entrenador ya que el grupo en el que está siente que no le dan el seguimiento necesario, que a veces se siente entrenando solo y no sabe a ciencia cierta cómo medir su progreso (¡obviamente le recomendé mi grupo!).

Esa misma noche, reunido con un grupo de amigos, en medio de la conversación surge el comentario de que una amiga está planeando pasarse de lugar de trabajo ya que no se siente a gusto donde está. Comenta un poco de rutina, de que todo está hecho... y que no le dan retroalimentación de sus labores.

En otra ocasión, escuché de un padre de familia cuyo hijo mayor tenía una estupenda idea, una que revolucionaria el mundo de los videojuegos. La fabulosa idea de negocio consistía en un protector para el dedo gordo de la mano, que, según el pequeño, se lastimaba mucho al jugar con los controles de su consola de juegos. El padre, muy sabio, le recomienda hacer un pequeño sondeo entre sus amigos a ver qué tan interesados estarían en la idea y cuanto pagarían por la novedosa invención.

¿Te has detenido a pensar en la importancia de la retroalimentación, o feedback? Es algo casi tan natural como parpadear. Preguntamos por la opinión de los demás en temas del diario vivir. Vestido, restaurantes, rutas de viaje, regalos que vamos a dar, etc. Podría aventurarme a decir que necesitamos la opinión ajena de un modo u otro.

Entonces, en este punto es necesario reflexionar sobre cinco aspectos importantes para tener un adecuado uso de esta herramienta:

- ¿Es realmente necesario? Sí. La información que consigamos nos dirá por dónde vamos y cómo lo estamos haciendo.

- Debe ser oportuna. El exceso de información y de voces nos puede llegar a desorientar. Cuando solicitemos feedback, que sea en un momento preciso y puntual.

- ¿Quién debe darla? Cuando deseás comprar una joya de gran valor no le consultás al dueño de la panadería de la ciudad, sino que vas directamente donde el joyero. Así debe ser con el feedback, debemos solicitarlo a quien nos dé información que nos sea útil.

- ¿Y si la información no me gusta? Hay que revisarnos a lo interno. ¿No me gusta porqué me incomoda por mi orgullo o porque no es la más adecuada dado el conjunto de circunstancias de la situación que evaluamos? En ambos casos hay que tomar decisiones: me trago mi orgullo, en especial si el cambio es para bien; o busco un mejor feedback en concordancia con la situación.

- ¿Qué hago con la información? Aplicarla. Ese trabajo, ese proyecto, esa situación particular, va a cambiar para bien si nos esforzamos.

Se dice que la brújula fue un invento del siglo IX. Su función es la de ubicar a quien la usa sobre la ruta a seguir para llegar a su destino. Antes de la brújula, eran los cuerpos celestes y su posición en el cielo lo que orientaba a los viajeros. Hoy usamos los GPS.

La necesidad de orientarnos en nuestro camino siempre ha existido. No nos quedemos atrás y hagamos uso del feedback, será de provecho para nosotros y muy probablemente veremos buenos resultados en su implementación.

Para reflexión:

¿Cuándo fue la última vez que solicité feedback sobre alguna situación particular propia? ¿Qué hice con información? Y en nuestro equipo, ¿cada cuánto nos retroalimentamos? ¿Esa frecuencia es suficiente?

Hacer más con menos

En muchas organizaciones, cuando los altos mandos hablan y predican sobre *"hacer más con menos"*, se vinculan sus mensajes con algunas frases cliché como 'ponerse la camiseta', 'estamos en el mismo barco', etc. La idea es tener los mismos resultados usando menos inversión y menos recursos humanos y tecnológicos. Sin embargo, los receptores por lo general lo que interpretan es trabajar más horas, ser multitasking, habilidades extra, mayor estrés y menos apoyo.

Así que el debate está servido: ¿realmente se puede hacer más con menos, o solamente se puede hacer menos con menos?

Pues bien, la idea no es entrar en un debate hoy. Lejos de eso, quisiera proveer algunos tips que pueden ayudar a nuestros colaboradores en medio del entorno de competitividad que se da actualmente. No son estrategias que demanden muchísima inversión pero definitivamente si ofrecen un retorno de inversión que vale la pena analizar:

- **Mejore los canales de comunicación**

La comunicación es uno de los desafíos principales en las organizaciones. Existen varias razones por las cuales falla, sin embargo, se ha observado que la falta de claridad del mensaje, el asumir que la audiencia o receptores lo entendieron y no proveer adecuados medios de retroalimentación son de los más comunes. Eso sucede porque la comunicación es unidireccional en las organizaciones, de arriba hacia abajo, resultando ser un proceso que deja muy poco espacio al aprendizaje y mejoramiento entre todas las partes involucradas.

Un proceso pobre de comunicación traerá a la larga frustración en el lugar de trabajo, conflictos y situaciones que se saldrán del ámbito profesional y rayarán en la parte personal, por citar un par de ejemplos, pensar que no me contesta el email porque no soy de su agrado o que no hubo una acción correctiva porque la persona es de los protegidos del superior.

La comunicación debe ser de impacto en la organización, mediante un proceso llevado a cabo de forma regular y franca, evitando la jerga o vocabulario muy técnico para abarcar todos los niveles. Y no olvidemos usar múltiples formatos y ser creativos, proveyendo espacios donde se puede hablar y dar opiniones sin sentirse amenazado.

- **Trabaje las fortalezas**

Los líderes deben aprender a identificar el potencial de los demás, desarrollarlo y buscar la forma de incorporarlo al engranaje del equipo de trabajo y a nivel de la organización.

Para lograrlo, hay que ver el cuadro completo, rodeándose de un equipo diverso en capacidades y habilidades. De esta forma, se estará enfocando en las oportunidades que tendrán, más que enfocarse en los desafíos. Es tener claro el potencial para utilizar en cada situación que se presente en el ambiente laboral. Y también planificar los éxitos, sus reconocimientos y la debida celebración del mismo.

- **No se olvide de la gente**

Decir que la gente es el más grande y más valioso activo que se tiene es trillado. Y eso sucede porque en la realidad, no pareciera ser así. Se predica una cosa pero se actúa de forma diferente.

Un estudio publicado en el 2008 en Personnel Today, un sitio web sobre Gestión del Talento Humano en Inglaterra, y otro publicado The Boston Consulting Group en el 2012, arrojaron una serie de resultados interesantes en torno a los beneficios de aumentar la inversión en el recurso humano de las organizaciones. Se analizaron tres áreas: desarrollo de liderazgo, desarrollo del talento y manejo del desempeño y beneficios. En tiempos donde las palabras 'crisis' y 'recortes' parecen ser las que llevan la batuta, las investigaciones demuestran que no tienen por qué ser necesariamente las que dirijan las decisiones de una organización.

¡No olvidemos a nuestra gente! Reclutemos a los mejores, démosles poder apropiadamente, desarrollémosles, ofrezcamos una retribución justa y hagamos lo posible por mantenerlos en nuestro equipo.

Para reflexión:

¿Cómo poder darme cuenta si soy el tipo de colaborador que 'se pone la camiseta' o tan solo voy a trabajar esperando que llegue el día de pago? ¿Cómo pienso que se me percibe en la organización donde laboro?
Si la situación financiera de la organización es apretada, ¿cómo podemos asegurarle al equipo de trabajo una formación continua para desarrollar fortalezas y competencias?

Gestionando el cambio

La incertidumbre de lo nuevo. Estamos cómodamente programados en nuestra rutina diaria, ya dominada a placer, cuando de pronto llega algo nuevo.

Estamos tan habituados a lo usual, que hasta lo gestionaríamos con los ojos cerrados. Pero llega lo nuevo, la novedad, el último grito de la moda en el área, y nos cambia todo por completo. ¡Qué calamidad! No pueden ver a un pobre prójimo acomodado porque tienen que inventar algo para sacarlo de la comodidad.

Las anteriores serían mis propias quejas internas de un proceso de cambio. Quizá vos tendrías otras, pero lo cierto del caso es que no serían muy diferentes. La vida tiene la costumbre de ir cambiando y en algún momento del camino nos encontraremos con la intersección de dos vías: Por un lado, evolucionar. Por el otro, seguir igual.

Y si hilamos más delgado, cómo líderes nos tocará en muchas ocasiones invitar a nuestros equipos de trabajo a tomar una decisión. Evolucionamos (para sobrevivir) o seguimos igual (y extinguirnos). ¡Menuda tarea! Y si continuamos hilando delgado, habrá que realizar ese proceso luchando con la incertidumbre, la ansiedad, las quejas y la moral baja de nuestra gente, que estará deseosa de salir huyendo de la situación.

¿Quién dice 'yo' y se apunta a iniciar el proceso de cambio hacia lo nuevo?

En lugar de salir huyendo despavoridos nosotros también, podemos tomar un momento y analizar tres preguntas de aplicación en materia de gestión del cambio, que alguna vez formuló George Fuller, escritor de temas de gestión de empresas, liderazgo y negociación. En sus escritos, propone una fórmula de comunicación hacia nuestros equipos, de forma que, iniciando por nosotros como líderes, estemos enterados de la situación de cambio y podamos gestionarlo de la mejor forma.

El proceso puede ser lento y doloroso muchas veces, enfrentando oposición y críticas, pero mediante una comunicación abierta y continua, podremos salir vivos e ilesos del cambio que se avecina:

- ¿Quién está iniciando el cambio? Tener clara la respuesta a esa pregunta nos permitirá eliminar muchos elementos negativos de oposición e incertidumbre. Los cambios pueden ser externos e internos y en ocasiones serán inevitables: vienen porque si y punto. Habrá que enfrentarlos y para poder lograrlo con éxito, hay que tener claro quien inicia el cambio. ¿Es consecuencia de la economía del país? ¿Una nueva estrategia de la organización? ¿Una actualización del software? ¿Alguien de arriba metió la pata? Todo eso hay que tenerlo muy claro y comunicarlo.

- ¿Cuál es el propósito del cambio? Muchas veces resulta obvio el resultado deseado de un cambio, sin embargo, en un buen porcentaje, el propósito no estará muy claro. En esas ocasiones, la tarea de concientización serás más ardua, porque debemos hacer incluso labor investigativa. Cuando la información y los alcances del cambio son bien comprendidos, la labor de gestionarlo será más llevadera.

- ¿Cuáles serán los beneficios del cambio? Por lo general, la gente querrá que empecemos por acá, por eso es importante también detallar una adecuada estrategia de comunicación que sepa combinar los elementos de beneficio para la organización y para el colaborador por individual.

La tarea se antoja compleja, difícil y hasta agotadora. Pero, ¿quién dijo que esto de liderar sería fácil? El proceso de gestionar el cambio también inicia con nosotros. Hagamos los deberes que nos corresponden como líderes de nuestra organización y sigamos influyendo cosas positivas aún en medio de los cambios.

Para reflexión:

¿Cuál es mi primera reacción ante la llegada de un nuevo cambio? ¿Me dejo llevar por ella y la externo? ¿Cuáles son los resultados que obtengo con ello?
¿Cómo se reciben en nuestro equipo los cambios? ¿Hay un proceso de ajuste a él? ¿Cómo implementarlo o mejorarlo?

La grandeza de la sencillez

En una ocasión en mi andanza laboral fui citado a una reunión. Durante ella, en el momento de señalar mis debilidades –cosa que agradezco-, se me hizo ver que yo no era una persona proactiva. A la media hora de eso, en tono de reproche, se me dijo que yo era alguien que tomaba decisiones por mi cuenta. Luego de la hora y media de esa reunión yo salí como un signo de interrogación. ¿Qué pasó ahí? ¿Soy o no proactivo?

Muchas veces, por costumbres aprendidas o tradición, solucionamos todo con reuniones largas y monótonas. O tenemos la idea de que, para aprender algo, debemos ir a una clase extensa y aburrida. O siempre solucionamos todo de la misma forma y nos perdemos de detalles e ideas que pueden ser innovadoras para nuestro entorno.

Me impresionó la historia de cómo nació Southwest Airlines, una aerolínea de bajo costo en Estados Unidos. La idea surgió del dibujo en una servilleta que formaba un triángulo con tres ciudades entre la cuales volaría la aerolínea. Eso fue todo. Una idea sencilla en un ambiente informal y con un elemento común generó una empresa de millones de dólares. Sencillo, sin complicaciones. Los grandes estudios de mercado, factibilidad y financieros vendrían luego. La idea fue la luz verde para lo demás.

George Fuller, especialista y escritor en temas de gestión, liderazgo y negociación, recomendó en cierta ocasión hacer de la mejora continua algo cotidiano en las organizaciones. Las reuniones no tienen por qué ser siempre en el mismo salón. Las decisiones no tienen que tomarse al calor de horas y horas de discusión. Las mejores ideas pueden venir del colaborador del día a día, el que está en la zona de los balazos. El negocio puede ser exitoso si descubrimos que nuestros vecinos necesitan ese producto por el que viajan hasta el mercado de la ciudad porque no lo encuentran en el barrio y hacemos algo al respecto.

La sencillez puede ser nuestra aliada, es cuestión de poner atención a los detalles y empezar a pensar de forma diferente a como lo estamos haciendo. Y que la sencillez abarque todas las áreas.

Peter Lewis, antiguo CEO de Progressive Insurance, gestionó la compañía de tal forma que usando la tecnología disponible en su momento, en cuestión de minutos el cliente obtenía el pago de su seguro de accidente de autos. En efecto, no está leyendo mal: en cuestión de minutos la compañía de seguros le pagaba. Lewis se dejó decir que Progressive ya no vendía seguros, vendía velocidad. Un slogan sencillo pero poderoso.

Empecemos a examinar nuestro entorno. ¿Somos complicados, difíciles? Ser un poco más sencillos puede ayudarnos por el camino que andamos a diario.

Para reflexión:

¿Cómo se logra el balance adecuado entre ser estructurado, seguir los procesos y ser disruptivo e innovador?

¿De qué formas podemos hacer más ágiles las gestiones del equipo? ¿Cuáles serían los tres pasos principales a tomar?

Servicio al cliente: la imagen de nuestra organización

Tanto para emprendedores como para empresas de cualquier tamaño, el tema servicio al cliente siempre está lleno de retos que deben ser resueltos a la mayor brevedad. Se le debe dar un énfasis especial debido a que, sin clientes, las empresas no podrán sobrevivir.

Sin embargo, eso no pareciera ser suficiente. La situación actual nos presenta dos desafíos que, a mi criterio, se antojan cruciales. Por un lado, tenemos a nuestros clientes, los actuales y potenciales. Son personas informadas, con criterio propio, capacidad de decisión y herramientas para elevarnos a lo más sublime o hundirnos en el lodo. ¿Quién no ha leído en un diario o en redes sociales alguna queja sobre un mal servicio? En esos casos, surge una pregunta que se volvió legendaria en el gremio administrativo: ¿Si actualmente vivimos en una economía de servicios, como es que en realidad hay tan poco servicio?

El otro lado, y del cual nos encargaremos en este artículo, es donde están nuestros equipos de trabajo, la imagen de nuestras organizaciones. Muy a menudo, ellos son los marginados en la relación con los clientes, porque seguramente estamos enfocando mal nuestros esfuerzos dirigidos a 'motivarlos'. Pongo un ejemplo, pequeño: hacemos una inversión alta en un software que canalice las llamadas telefónicas dentro de nuestra organización, que resulta no ser muy efectivo. La intención era 'disminuir la carga de llamadas de la central telefónica', pero no se logra el objetivo. Adivinemos, ¿quién se lleva las quejas y el malhumor de los clientes? Exacto, nuestro equipo de trabajo.

Ahora bien, no estoy en contra de la tecnología y tengo claro que cualquier cambio va a producir algún tipo de rechazo siempre que se implementa. El punto acá es que los avances en materia tecnológica no van a ser la salvación final de nuestra organización. Nos ayudarán en tema de costos y eficiencia de procesos, pero lo que en última instancia decide una compra, un trato o la fidelización al servicio o producto que ofrecemos es una relación personal más sólida con los clientes.

La guerra del mercado se gana en la zona de los balazos, no en las oficinas con aire acondicionado de los ejecutivos o dueños. Las jefaturas deben empezar a trazar las estrategias necesarias para salir adelante creando vínculos y echando mano de valores como la empatía, la escucha activa y la inversión para su equipo de trabajo.

Una encuesta sobre servicio del 2006 reveló que generar un nuevo cliente sale entre siete y diez veces más caro que mantener un cliente ya existente. Parece que es hora de ir poniendo más atención a las necesidades reales de nuestros equipos de trabajo –no a las que creemos que ellos tienen- y buscar la manera de mejorar su entorno laboral. Al final de cuentas, como dijo Sir Richard Branson, ellos son los que cuidan a nuestros clientes.

Para reflexión:

Cuál es su respuesta a la pregunta ya formulada en el artículo: ¿Si actualmente vivimos en una economía de servicios, como es que en realidad hay tan poco servicio?
Aparte de perder clientela, ¿qué otras pérdidas enfrentaría nuestra organización si desmejoramos nuestro servicio?

ORGANIZACIONES SALUDABLES

Otras veces he comentado que soy atleta. Más allá de buscar un primer lugar, un trofeo o un lugar en el podio de un evento deportivo (que ya lo he logrado un par de veces), mi mayor interés con hacer deporte es tener una vida saludable que me permita vivir muchos años y llegar a viejo. No todo depende de mí, pero en lo que a mi concierne, esa es la idea.

Eliyahu M. Goldratt y Jeff Cox, en su novela 'La Meta', nos abrieron los ojos a que la meta última de una organización es producir dinero. Puede leerse chocante pero la realidad es que, sin dinero, se acaba el negocio. Pero para lograr llegar a la meta, al podio, a recoger el trofeo de las utilidades y la supervivencia a largo plazo, las organizaciones deben estar saludables.

Patrick Lencioni, conferencista, empresario y escritor sobre temas de administración y gestión de equipos de trabajo, nos regala cuatro disciplinas para lograr la buena salud en nuestras organizaciones:

- Armar un equipo de liderazgo que esté unido: Maquiavelo, Julio César y Napoleón estaban en lo correcto cuando decían que si dividís, vencerás. La unidad es fundamental en cualquier circunstancia de la vida, en especial cuando se asumen riesgos como parte del equipo de liderazgo. No todas las decisiones serán populares, pero el equipo debe estar unido mirando hacia el objetivo.

- Estar alineados intelectualmente: Mucho se ha escrito sobre visión, misión y valores. Lejos de ser un bonito adorno en las paredes de la organización, todos sus colaboradores deben estar alineados a esos estatutos, conduciendo cada acción por ese sendero y en todo momento manteniéndose coherente con lo que se dice y se hace. Desde el piso de más arriba hasta el colaborador 'más humilde', todos deben estar conscientes de que están en el mismo barco y hay que llevarlo a buen puerto.

- Comunicar constantemente: Lencioni comentaba que la mejor forma de darse cuenta si se está comunicando de forma correcta es cuando el líder no está presente y sus colaboradores son capaces de reproducir sus pensamientos y acciones casi a la perfección. Si no lo estamos logrando, es momento de empezar a comunicarse mejor.

- Establecer sistemas humanos: Por temas de costos, modernidad, tecnología, etc., actualmente la tendencia es a automatizar procesos y sistemas. Sin embargo, hay varios que no se pueden dejar en manos de la tecnología. Siempre necesitaremos la empatía, la consideración, el tacto humano cuando se trate de motivar, de dar una mala noticia, de saludar.

Por cierto, lo que Lencioni comentó son cuatro disciplinas. Hablamos de actitudes y motivaciones que hay que tomar a diario para tener éxito. No se construyen por si solas, ¡así que manos a la obra!

Para reflexión:

¿Tengo yo la actitud correcta para ser un jugador de equipo al nivel que lo requiere una organización saludable? ¿Qué áreas puedo mejorar?

En la escala de 1 a 10, ¿qué tan saludable es nuestro equipo? ¿Cómo sale la evaluación de cada disciplina por aparte? ¿Qué podemos hacer hoy mismo por mejorarlas?

El 'To do list' de las organizaciones – Primera parte

Recientemente una buena amiga me compartió en una de mis redes sociales el video completo de un concierto al que asistimos junto con varios amigos allá por 1996. Era una banda norteamericana de heavy metal y bueno, sin poder negar mi preferencia por ese estilo musical, ver el video me trajo nuevamente el recuerdo de muchas cosas de ese concierto.

Pese a que asistí a varios conciertos en aquella época, no tengo ninguna duda de que ese fue el mejor de todos. Ver a los amigos, disfrutar en vivo de la música que nos encantaba –y encanta aún, así como las obligatorias compras de una camiseta y un CD del grupo, fueron parte de la emoción de ese día. Y si sumo la magistral interpretación de la banda, la potencia vocal del cantante y el sonido nítido del show, da como resultado un evento inolvidable. Y es que, aunque no soy un tipo demasiado exigente en muchos aspectos, hay cosas que sí espero que un organizador de conciertos haga para que sea un evento que valga la pena.

Llevando lo anterior al plano del liderazgo de las organizaciones, pregunto: ¿tenemos claro que nuestro equipo de trabajo también tiene una serie de expectativas acerca del lugar donde se desempeñan profesionalmente?

Douglas McGregor, un profesor universitario del Instituto Tecnológico de Massachusetts, propuso sus famosas Teorías 'X' y 'Y' allá por la década de los 60's. Básicamente, un resumen sería que la Teoría X proponía que la gente no quiere trabajar, hace todo lo posible por evitarlo y para lograr que lo hagan hay que recurrir a la amenaza y al castigo. Por otro lado, la Teoría Y explica que la gente si quiere y necesita trabajar y que pondrá todo su empeño y creatividad en hacerlo.

La teoría ha cumplido ya 50 años y sigue teniendo algún tipo de relevancia dentro de la gestión del talento humano. Sin embargo, como lo comenté antes, mi análisis con este artículo busca hacer conciencia en el liderazgo de una organización: ¿estamos haciendo lo posible para que la gente 'X' y la gente 'Y' tengan todo lo necesario para desempeñar su labor?

Robert Levering, co-fundador de Great Place to Work, da en el clavo cuando argumenta que "un excelente lugar para trabajar es aquel en el que uno confía en las personas para las que trabaja, está orgulloso de lo que hace y disfruta de las personas con las que trabaja". ¡Menudo problema para los que usan la teoría de McGregor cual si fuera una paleta de colores que solo tiene blanco y negro!

El entorno actual de competencia y desarrollo profesional obliga a los líderes a ser creativos, a innovar y a buscar soluciones, no sólo para sus productos y servicios como organización, sino también para sus equipos de trabajo. En nuestro próximo artículo profundizaremos en el tema.

Para reflexión:

¿Qué me motiva de una organización cuando me interesa trabajar en ella? ¿Qué tan relevante es el salario?
¿Qué cosas hacemos en el equipo que nos facilitan retener el mejor talento? ¿Le damos prioridad a ese tema?

El 'To do list' de las organizaciones – Parte final

En nuestro anterior artículo, reflexionábamos sobre las expectativas que tienen nuestros colaboradores dentro de una organización, y de la imperiosa necesidad que tenemos como líderes de ser creativos, innovadores y de buscar soluciones en todos los ámbitos profesionales de la organización en la que estamos.

Está claro que cada organización es como un micromundo o un ser vivo por sí mismo, diferente a los demás. Eso hace que un diagnóstico del liderazgo, para que sea adecuado, deba ser hecho a la medida. Sin embargo, hay tres factores que podemos tomar en consideración en cualquier caso:

- **El liderazgo confía en su equipo**

Todos tenemos al menos un billete o moneda en nuestros bolsillos –¡al menos es lo que espero! Por si mismos, ese pedazo de papel o trozo de metal no valdría nada, pero nosotros tenemos la confianza de que si voy a una tienda, puedo intercambiarlo por un producto. Eso se debe a que el sistema económico se basa en la confianza de que ese billete o moneda representa un valor determinado. La confianza es un elemento vital en la sociedad. Ella sostiene familias, negocios, relaciones y hasta la economía. En una organización, más allá de los sanos controles internos que deben existir, el liderazgo debe confiar en su equipo de tal forma que las ideas y el flujo de trabajo coexistan en un ambiente de cordialidad y respeto.

- **El líder empodera a su equipo**

La confianza en un equipo de trabajo debe ser palpable. No debe quedarse en los discursos de cada reunión o en los cuadros con los valores organizacionales colgados en la recepción de la empresa. Cuando un líder empodera a su equipo, le está diciendo explícitamente que confía en ellos, en sus capacidades y en el logro que van a tener como personas y como equipo. Como líder, aproveche cada oportunidad de estas para que su gente se sienta bien, se sienta cómoda y hágase a un lado si es necesario. Suministre la inspiración y las herramientas necesarias y prepárense para lograr juntos cosas que usted, por sí mismo, no habría podido lograr.

- **El líder comparte el triunfo con su equipo**

Todos hemos visto la celebración de un gol. Dentro de la cancha, se festeja con los compañeros del equipo. En las gradas, hasta con desconocidos hemos celebrado. Y es que un momento de triunfo, de logro, merece ser celebrado. Actualmente hasta lo posteamos en nuestras redes sociales para compartir nuestra alegría con los demás. En ocasiones nos tocará celebrar solos porque la situación lo amerita. Pero debe ser triste celebrar solo estando rodeado de gente. En una organización, el logro nunca es de una sola persona, por eso, líderes, no nos echemos las flores ni los reconocimientos. Sin el apoyo de nuestro equipo jamás lo hubiéramos logrado. El Rambo que rescata diez heridos de una cárcel y destruye a medio ejército enemigo es sólo un personaje. Eso no existe en la vida real. Compartamos el triunfo con nuestra gente.

¿Cómo lograr todo esto?

Es fácil, pongámonos creativos, innovemos. Y tengamos en mente a nuestra gente al momento de hacerlo. Ese es el pendiente número uno de nuestro 'to do list' como organización.

Para reflexión:

¿Inspiro confianza de tal forma que los que me rodean se me acercan a compartir conmigo por gusto? ¿De qué formas puedo usar esa información para ayudarles a crecer en su camino?

¿A qué le debemos el logro que nuestro equipo ha tenido hasta hoy? ¿Con cuanta frecuencia tenemos un espacio solo para celebrarnos? ¿Se nos ocurre alguna forma novedosa de hacerlo?

NUEVE CLAVES PARA MEJORAR LA ACTITUD – PRIMERA PARTE

La actitud es un elemento importante en una persona. Puede abrir puertas, mantenerlas abiertas por mucho tiempo, puede cerrar otras tantas y hasta logra que le escondan algunas con tal de no tener que encontrarse o tratar a la persona.

Puede sonar exagerado, pero la realidad es que es cierto. Sería muy fácil señalar a otra persona que en algún momento haya tenido una mala actitud, sin embargo ninguno de nosotros escapa a ese hecho.

Desde la Miss Puerto Rico a quien le quitaron su corona por problemas de actitud hasta actores de Hollywood que son famosos no solo por su talento sino por su mala actitud y excentricidades, pasando por nosotros cuando algo no salió como queríamos, la actitud se erige como uno de los puntos a tomar en cuenta al momento de establecer cualquier tipo de relación con otras personas.

¿Podemos cambiar nuestras malas actitudes? ¡Claro que si! Pero hay que tener presente que no es un proceso que dé fruto de la noche a la mañana. Para facilitarnos las cosas y poder hacer el propósito de revisarnos a lo interno, estaremos compartiendo durante tres artículos consecutivos una serie de nueve claves para mejorar nuestra actitud, tomadas de una serie de publicaciones escritas por John C. Maxwell, uno de los expertos más reconocidos a nivel mundial en temas de liderazgo.

¿Comenzamos a cambiar nuestra actitud?

- Creer que lo más importante no es lo que nos pasa a nosotros, sino lo que pasa en nosotros: Es en nuestro interior donde los cambios de actitud se empiezan a gestar. Cuando ponemos atención a la forma en que hacemos las cosas, a la forma en que contestamos, al cuidado que ponemos a nuestra imagen, a la forma en que reaccionamos. En el exterior siempre habrá cambios: la economía se puede complicar, nuestro jefe puede estar de mal humor, nuestra pareja puede pasar un día difícil, el vecino sigue poniendo a prueba nuestra paciencia. Pero es dentro de nosotros donde decidimos la reacción y la respuesta que vendrá a todos esos cambios. Cuando decidimos aprovechar cada situación para nuestro mejoramiento, buscando ser positivos y construir, es cuando empezaremos a dar pasos en la dirección correcta.

- Dejar de culpar a algo o a alguien por nuestra actitud: Lo comentábamos líneas atrás. El universo entero podría conspirar contra nosotros si lo quisiera, pero él no va a ser el responsable por nuestra actitud (no nos asustemos, eso de las conspiraciones universales no existe). Es el futbolista que se excusa en una 'provocación' para dejar el codo o la pierna arriba. Es el motociclista que golpea un automóvil porque 'le echaron el carro'. Es el padre que confunde agresión con disciplina a su hijo inquieto. Es cualquiera de nosotros que se escuda en las acciones de los demás para continuar un círculo vicioso y nocivo. Eso debe cambiar.

Seguiremos en nuestro próximo artículo.

Para reflexión:

¿Con cuanta frecuencia nos detenemos a analizar la actitud que tuvimos al momento de reaccionar? ¿Cuál sería un buen método de revisarla antes que actuemos?

Un equipo de trabajo es fácilmente contagiado de las actitudes individuales. ¿Cómo nos ha ido con ello en las últimas dos semanas? ¿Cuál ha sido la actitud predominante? ¿Qué resultados puntuales hemos obtenido por ella? ¿Qué necesitamos mejorar?

Nueve claves para mejorar la actitud – Segunda parte

Seguimos con las nueve claves para mejorar nuestra actitud. En nuestro anterior artículo comentamos que son tomadas de una serie de publicaciones escritas por John C. Maxwell, uno de los expertos más reconocidos a nivel mundial en temas de liderazgo.

- Evaluar nuestras actitudes presentes: Una parte importante en un proceso de autoanálisis que tiene un objetivo es saber en dónde estoy en este proceso instante para poder trazar el plan de acción y la senda a tomar. ¿Me quejo mucho? ¿Tengo un manual de excusas? ¿Qué dice de mí la gente cercana a mi alrededor? ¿Cuándo llego a un lugar, se alegran de verme o 'cambian de tema'? Hay muchos parámetros para evaluar mis actitudes presentes, ¡démosles uso!

- Reconocer que la confianza es más fuerte que el temor: Asustarse con los cambios es algo normal en el ser humano, pero cometemos un grave error al pensar que al huirle al cambio lo evitaremos. Llegará, nos guste o no. El tema de reflexión no debería ser si me gana el miedo al cambio o no, el tema correcto es desarrollar la confianza en mis habilidades y que estas me permitan mejorar mi actitud teniendo presente que el cambio puede ser para bien si lo abordo adecuadamente.

- Escriba una declaración de propósito: si, se puede pensar que es el slogan propio. Las marcas comerciales tienen el suyo. Las organizaciones tienen uno –o al menos deberían tenerlo. Las personas exitosas también lo tienen, usualmente en forma escrita en un lugar visible. Sea una frase, un mosaico de sueños, un pasaje de la Biblia, una reflexión, un poema. Esa declaración de propósito nos ayudará y dará inspiración cuando vengan las tormentas y los momentos difíciles. Si hemos de soñar con ser un buen padre y un buen esposo, el recuerdo de ese anhelo nos permitirá salir adelante en las dificultades y conducirnos por la vida en velocidad crucero, sin distracciones.

- Incluir un amigo/mentor/coach en el proceso: Quizá hoy mismo no lo tengamos claro, pero alguien nos inspiró en la vida, nos acompañó, nos dio ánimo. En ese momento puntual de nuestra existencia, esa persona fue de gran apoyo. En la actualidad, cuando la tecnología y las redes sociales que fueron pensadas para acercarnos lo que han conseguido es todo lo contrario, se hace vital la presencia de otra persona para nuestro proceso de mejora de actitud. Alguien de confianza que nos señale lo que podemos mejorar, que nos oriente y que también nos acompañe. Ah, y debe ser una persona. Nuestro perro siempre nos moverá el rabo, nuestros peces seguirán nadando en su pecera y dentro de nosotros, las malas actitudes seguirán creciendo. Si usted es de los que considera que 'entre más conozco a la gente más amo a mi perro', le invito a que se devuelva a la clave #3 y analice la razón de huirle al contacto con la gente y preferir a sus animales, y de paso que la comparta con esa persona a quien debe incluir en el proceso.

En nuestro último artículo veremos las tres claves finales para mejorar nuestra actitud.

Para reflexión:

¿Confío en mis habilidades? Si tuviera que dar un giro profesional, ¿lo haría con confianza o el temor me paralizaría para iniciar?

¿Tenemos un slogan en nuestro equipo? ¿Encarna nuestros valores o necesitamos ajustarlo?

Nueve claves para mejorar la actitud – Parte final

El proceso de mejorar nuestra actitud en la vida puede que no sea placentero ni bonito, pero es necesario. Luego de nuestro artículo anterior, hoy terminamos con la serie de nueve claves para mejorar la actitud, tomadas de una serie de publicaciones escritas por John C. Maxwell, uno de los expertos más reconocidos a nivel mundial en temas de liderazgo.

- Pasar tiempo con las personas correctas: La frase popular reza que 'el que no sabe para dónde va, cualquier camino le sirve'. Si la amoldamos al tema de las relaciones, diría que podemos pensar que 'para quien no sabe adónde va, cualquier compañía le sirve'. ¡Qué fácil es perder de vista la importancia de la gente con la que nos rodeamos! Pensemos en nuestra familia, en nuestros amigos y en nuestros compañeros de trabajo. Ellos tienen la capacidad de influir en muchísimas de nuestras decisiones de la vida, desde una superficial como el lugar para almorzar hasta la elección de un oficio, profesión y hasta pareja. Cuando no tenemos un sentido de identidad bien definido, es probable que terminemos siendo arrastrados hacia la dirección que quieren los demás —y que puede ser muy variable en el tiempo. Pero cuando tenemos una meta, en este caso, tener una mejor actitud ante la vida, es necesario analizar quienes son las personas correctas para lograrlo, y decidirse a pasar más tiempo con ellas.

- Escoger un modelo a seguir: ¿El legado de quién nos gustaría imitar? ¿A quién nos gustaría parecernos? ¿Quién nos inspiró para llegar a ser la persona que somos hoy? Todos tuvimos alguien que influyó de una u otra forma en nuestra vida. Hoy día, ya con nuestros años encima, de igual forma podemos –y debemos- tener un modelo a seguir. Probablemente ya no será el personaje de las caricaturas que nos gustaban de niños, pero es importante tener un modelo a seguir, de quien aprendamos lo bueno y podamos corregir el rumbo o hacerlo diferente cuando algo no nos agrada.

- Prepárese, llénese de cosas buenas: una adecuada y complementaria formación profesional, lecturas de provecho, tiempo para cultivar la espiritualidad, fortalecer las relaciones sociales, sacar el tiempo para nuestro deporte favorito, para escuchar el grupo o género musical que nos gusta, etc. Hay miles de formas de llenarnos de cosas buenas y que construyan en nosotros una mejor actitud. ¿Qué no nos da tiempo? Cuando queremos algo, lo hacemos, sino, ponemos una excusa. ¿En qué extremo vas a quedarte? ¿En el extremo del que lo logra o del que pone una justificación?

Maxwell escribió que *'no podemos hacer a la medida perfecta las situaciones que de nuestra vida, pero si podemos hacer a la medida exacta las actitudes que se requieren para ajustar esas situaciones antes que lleguen'*. En nosotros está hacer el cambio. ¿Lo intentamos?

Para reflexión:

Somos el promedio de las cinco personas más cercanas con las que nos relacionamos. ¿Quiénes son? ¿Qué me aporta cada una de ellas? ¿Qué área necesito mejorar?
¿Cómo se llena de cosas buenas nuestro equipo? ¿Podremos dedicar un espacio mensual para hacerlo juntos? ¿Qué actividad sería?

Me lidero, luego soy exitoso

Para lograr el éxito en la vida sobran las recetas, los gurús y los expertos. En internet podrás encontrar listas de hábitos de personas exitosas, sea que ellos mismos las compartieron o que otros estudiaron sus vidas y así nos las hicieron llegar.

Hay listas con dos o tres hábitos, con diez, con quince y alguna vez hasta encontré una con setenta y nueve hábitos, recopilada por el diario El País de España donde, además, aseguraban que con solo cumplir cincuenta y cinco de ellos, ya seríamos igual de efectivos que Tony Stark, el multimillonario que defiende al mundo como Ironman en las películas y las historietas. No parece mala idea intentarlo, ¿cierto?

No digo que esté mal eso de los listados. Por el contrario, aplaudo el gesto de compartir la receta del éxito de quienes lo han logrado. Seguramente han inspirado a muchas personas para animarse a buscar un cambio en sus vidas. Puede que lo logren, puede que no, pero ya el solo hecho de intentarlo es digno de reconocer. Al fin y al cabo, dice la sabiduría popular que es mejor pájaro en mano (o aprendizaje, experiencia, lucha, intento, etc., en mano) que cien volando.

Recientemente conversé con alguien a quien aprecio y por enésima vez, me daba quejas de sus jefes y de su trabajo. Le escuché y luego le pregunté: "¿y qué has hecho por cambiar esa situación? Llevo dos años oyéndote vivir el mismo drama, ¿cuándo vas a hacer algo por cambiarlo?".

La pregunta es válida para cualquiera de nosotros que se queja, o que está inquieto por algo, o que no le gusta su situación. ¿Cuándo vamos a hacer algo al respecto?

En una charla sobre liderazgo que compartí recientemente, ofrecí una lista de elementos que nos ayudan a mejorar nuestro autoliderazgo (¡sí, otra lista más!). Y la deseo compartir por este medio también porque, desde mi humilde perspectiva, en el autoliderazgo se genera el cambio que necesitamos para salir adelante y cambiar lo que haya que cambiar. Es sencillo: si no somos capaces de liderarnos nosotros mismos, ¿cómo pretendemos lograr liderar a otras personas y a otras situaciones?

Pienso en cualquiera de mis héroes de vida, los que salen en las noticias y los anónimos del día a día, y en ellos veo estos tres elementos, que están al alcance de la mano y que nos pueden ayudar a nosotros también:

- Me conozco: se dice que el mejor negocio que podemos hacer en la vida es creer en nosotros mismos. Pero, ¿sabemos en qué estamos creyendo? ¿Hace cuánto no echás un vistazo a tu interior para ver realmente quien sos? Conocernos a nosotros mismos puede ser una actividad incómoda que preferimos evitar para no ver algunas cosas desagradables que pudiera haber por allí, pero con esa actitud nos estamos perdiendo la oportunidad de descubrir y conectar con nuestra esencia, con nuestros valores y con el brillo que tenemos y que seguramente olvidamos ya. Siempre será mejor tener claro quiénes somos, porque a partir de allí podemos cambiar y aspirar a ser mejores, sin pasar solamente por esta vida como meros 'sobrevivientes'.

- Sé hacia dónde voy: Alguna vez escuché una de esas frases populares que, a mi parecer, es de las más groseras que existen: "el que nació para maceta, del corredor no pasa". Seguramente me desagradó porque yo no quería ser una maceta, quería llegar a algún lado en la vida. No estoy sugiriendo que ya lo sé (mis metas de vida están en permanente revisión), sino que al menos hay que tener una idea, una meta, un sueño, ¡algo! Saber que nos levantamos cada mañana con la ilusión de algo, que nos preparamos y que trabajamos para lograr algo. En pocas palabras, saber para dónde vamos.

- Tomo decisiones: te contaba que mis metas de vida están en permanente revisión, y lo hago porque en el camino surgen obstáculos y desviaciones que hacen que la meta se acerque, se aleje o, incluso, que cambie. Al igual que en un partido de futbol donde nos anotan al minuto cinco, no podemos quedarnos de brazos cruzados esperando que la solución llegue sola, hay que modificar el esquema o la estrategia y seguir hacia adelante.

Cualquier momento del año es bueno para iniciar el camino al éxito mediante el autoliderazgo. Sea con mis tres sugerencias o con la lista de setenta y nueve hábitos, ¡te animo a que iniciés hoy mismo!

Para reflexión:

¿Cuántas veces has cambiado tus metas este año? ¿Cómo te has sentido al respecto? ¿Ya descartaste alguna en particular? ¿Habrá otra forma de lograrla? ¿Quiénes son los héroes y referentes del equipo? ¿Qué valores y actitudes suyos replicamos en nuestro trabajo? Si él/ella/ellos fueran nuestros líderes, ¿cómo nos iría en nuestras labores?

Motivación

"... el hecho de tener presente nuestro sueño, nuestra meta, hace que el camino sea más fácil de recorrer..."

Cuando niños

La semana pasada estuve en las instalaciones de un campamento, recibiendo la inducción a unas capacitaciones sobre liderazgo.

La inducción duró cuatro horas y estuvo muy bien, el tema siempre es interesante y para uno que gusta de ellos, pues mejor. Sin embargo, lo más memorable para mí fue el recuerdo que me trajo el lugar.

Resulta que hace algunos pocos años, estando su servidor más joven, fui en varias ocasiones a ese campamento. Tiene varios elementos de recreación al aire libre que le hacen ser muy llamativo, así que se organizaban campamentos muy a menudo allí. Recordé muchos episodios, aventuras y hasta travesuras vividas: en las cabañas, en la plaza de futbol, en el río, en el comedor, etc.

Y es que, cuando éramos niños, el mundo estaba prácticamente a nuestros pies. Todo era una aventura. Es cierto que no teníamos el conocimiento a fondo de muchas cosas, pero eso se convertía en nuestra mayor fortaleza. Íbamos a por todas. Ahora que soy padre, lo confirmo con mi hijo.

Quise recopilar algunas cosas que, a mi parecer, los niños hacen muy bien. Las comparto acá porque, en el fondo, encierran lecciones que deberíamos tener presente siempre. En algún momento de la vida las vamos olvidando, pero he visto que muchas de ellas resuelven los problemas que se nos presentan ya de adultos. A estas edades, nos complicamos y cuando las cosas no salen, nos amargamos y esa emoción negativa termina siendo un factor determinante que marca nuestro día, nuestra semana y, si no lo trabajamos adecuadamente, se queda dentro de nosotros condicionando nuestra actitud ante la vida.

La siguiente no es una lista exhaustiva, precisamente porque los niños siempre salen con algo nuevo, nunca dejan de sorprender y en su día a día, siempre hay espacio para cosas nuevas:

- Los niños no saben de obstáculos: ¿Un niño quiere una galleta que está encima de un mueble alto? Hará todo lo posible para llegar a ella, no tengamos duda de eso.

- Los niños no se toman el fracaso como algo personal: cuando fallan en algo, por lo general no se juzgan duramente a sí mismos, solo lo ven como algo circunstancial que pasó.

- Los niños lo intentan una y otra vez: y sin rendirse. Si así no fuera, de adultos seguiríamos gateando en lugar de caminar.

- Los niños lo exploran todo: siempre están viendo todo lo que les rodea y si pueden ir, van.

- Los niños lo preguntan todo: por lo general, entre los tres y los cuatro años, se da esta etapa. Experimentan una curiosidad insaciable y si no tenemos todas las respuestas, ¡más vale que las vayamos consiguiendo!

- Los niños tienen una gran capacidad de asombro: ven las cosas como si fuera la primera vez, descubrirlas sin ideas preconcebidas.

- Los niños resuelven los problemas fácilmente: Cuando algo no les llama la atención, sencillamente cambian a otra cosa, sin complicaciones ni problemas existenciales.

- Los niños saben trabajar en equipo: de una forma u otra, siempre los veremos jugar juntos. Si, habrá momentos en que se peleen entre ellos, pero vamos, lo olvidan rápido.

- Los niños tienen una gran imaginación: hace poco vi la película de los Legos, ¡qué imaginación la de los escritores! No la contaré por si no la han visto, pero retrata justamente lo que trato de decir. De todo se saca una historia y se pone en movimiento la creatividad.

- Los niños se divierten siempre: un amigo me contaba cuando le llevó un regalo a su hija y que ella terminó divirtiéndose más con la caja donde venía el regalo. Lo importante para ella era divertirse.

Es una pequeña lista de diez cosas. La comparto por si alguna nos llegara a servir. Quizá viendo el mundo como lo ven los niños, encontremos la solución a algunas de nuestras dificultades. Y además, la lista queda abierta, por si hay que agregar alguna otra cosa. Al final de cuentas, como lo comentamos antes, los niños siempre nos salen con algo nuevo.

Para reflexión:

¿Tenés niños cerca? ¿Por qué si o por qué no? Aparte de lo citado en el artículo, ¿qué otras cosas podrías aprender de los niños?
Obviamente no se espera que alguien de nosotros actúe infantilmente, pero de la lista de enseñanzas que aparece en el artículo, ¿cuáles tres podríamos mejorar o implementar en el equipo?

Y EL MIEDO SE AHOGÓ

Siendo adolescente –hace pocos años- resultó que estaba enamorado de una de mis mejores amigas. Luego de dos años de debates internos y luchas contra mis complejos y miedos, logré hablarle de mis sentimientos. Me rechazó.

La vida siguió. Al tiempo, me volví a enamorar de otra de mis mejores amigas. Luego de otros dos años de debates, dudas, miedos, inseguridades y demás sinónimos, me armé de valor y le hablé de mis sentimientos. También me rechazó.

Hoy estoy felizmente casado y no vale la pena ni me interesa sacar cuentas o hacer preguntas del tipo '¿Qué hubiera pasado si..?', pero vaya que era cierto eso que escribió Paulo Coelho en uno de sus libros: "Cuántas cosas perdemos por miedo a perder".

Según los estudiosos, el miedo es una reacción natural cuya función es protegernos de un peligro real. Siempre ha existido y siempre existirá. En los primeros humanos sobre la tierra, la lucha por la supervivencia hacía del miedo un amigo entrañable, que nos alertaba cuando la situación se ponía complicada. Sin embargo, la civilización avanzó, avanzó la ciencia, pero no así los miedos. De esta forma, algunos miedos que le habrían sido muy útiles a nuestros ancestros, hoy realmente no lo son.

Por ejemplo, el miedo a la oscuridad. El hombre primitivo no tenía luz artificial, por lo que era de esperar que al caer la noche, sus sentidos se agudizaran y al menor ruido o sensación de peligro, la adrenalina se disparara y bueno, ya sabemos el resto. ¿Pero en el siglo XXI? Tener miedo a la oscuridad puede convertirse más bien en un lastre para nosotros, en especial teniendo en cuenta que hasta en el teléfono móvil tenemos alguna aplicación que nos provee luz.

El miedo puede ser nuestro aliado, pero debemos ponerle algunos límites para lograrlo. Debemos analizarlo, identificar qué lo está provocando y planificar una estrategia para utilizarlo de la mejor forma. Habrá momentos donde lo único que atinarás a hacer será salir corriendo —como cuando te encontrás una serpiente a tus pies- pero cuando vas a una entrevista de trabajo, hay una serie de pasos que podés seguir para que la entrevista no te devore, sino que seás vos quien salga triunfante.

En la actualidad, existe el miedo de emprender, al rechazo, al fracaso, al 'que dirán'... incluso, miedo al éxito. Y esos miedos inútiles nos impiden desarrollarnos y crecer como personas y como profesionales. Hay que ponerles fin.

Hace un par de años, un buen amigo me comentó que haría su debut en una competencia de aguas abiertas, por lo que en la fecha señalada fuimos a apoyarle. Al momento de salir la competencia todos aparentaban ser nadadores profesionales y atléticos, hombres y mujeres destinados a hacer su carrera sin contratiempos.

Pasaron los minutos y conforme iban llegando los nadadores luego de esos 1500 metros la realidad fue haciéndose evidente. Los primeros lugares, era de esperarse, fueron ocupados por nadadores con una condición física envidiable y todo a su favor. Al rato salió mi amigo. Y empezaron a salir, una a una, algunas historias de vida que me dieron una lección tremenda.

Primero, una muchacha con siete u ocho meses de embarazo. El traje de natación tenía escrito su nombre en el pecho y en la pancita, el nombre del bebé.
Luego, salió un muchacho que llevaba una cuerda que le amarraba a otro nadador. Era ciego.

La última, una señora que salió del agua llevada en brazos por dos muchachos. No tenía piernas.

¿Por qué me dieron una lección tremenda esas historias de superación? Dos días antes había salido de mi trabajo anterior, despedido. Y la semana siguiente, mi esposa me diría que íbamos a ser padres. ¿Demasiadas emociones para un fin de semana, cierto? Y para el proceso que me esperaría los siguientes meses, el miedo irracional no iba a ser de gran ayuda, así que tuve que recordar el ejemplo de esos héroes anónimos y empezar a caminar hacia adelante.

Por cierto, al que no vi nunca salir del agua ese día de competencia fue al miedo. Seguramente se ahogó. Y para hacer la historia más valiosa para mí, por esas cosas del 'destino', debuté como triatlonista en esa misma playa unos meses más tarde.

Dejemos de perder cosas por miedo a perder.

Para reflexión:

¿Qué proyecto, objetivo o meta tenés pendiente por miedo a llevarla a cabo? Si pudieras explicarle a tu objetivo el miedo que tenés, ¿qué le dirías? ¿Qué te recomendaría él que hicieras para alcanzarlo?

¿Cuál es el objetivo que el equipo tiene miedo de proponerse? ¿Qué puede aportar cada uno como milla extra para lograrlo?

CUANDO LOS SUEÑOS NAUFRAGAN

La mayoría de conocedores en orientación laboral coinciden en que los sueños y gustos que teníamos de niños son una buena guía para hallar nuestro camino en la vida profesional.

Hay quienes los dejan a un lado con el pasar de los años, los fracasos y los compromisos. Sin embargo, hay otro grupo que si decide ir a darles cacería. Hacen lo que sea necesario para lograrlo. Ajustan horarios, priorizan actividades, seleccionan mejor su compañía en el viaje, se forman, leen, se echan al agua. Es gente digna de reconocimiento, aunque su empeño vaya más allá de buscar eso.

Lamentablemente, eso no es suficiente en ocasiones. Aunque parezca el título de una novela, lo cierto del caso es que a veces los sueños naufragan. Y luego del naufragio, lo que sale a flote son desilusiones, sentimientos de fracaso, culpabilidad, derrota. Y eso, golpea y duele en un lugar que nadie más lo puede ver, solo nosotros mismos.

¿Qué hacer? Soy partidario de tomar el timón de la nave naufragada, y sacarla a flote. Sé que parece masoquismo, pero creo que lograremos más intentándolo de nuevo que rindiéndonos. Hay un par de acciones que podemos tomar para ello, los extraigo del libro 'El mapa para alcanzar el éxito', de John C. Maxwell:

- Derrotar nuestros temores.

El temor provoca retrasos en el camino porque nos paraliza. Nos obliga a sentarnos en un rincón, esconder nuestro rostro con las manos y a pensar que esa es la mejor posición que podemos adoptar. Mientras tanto, afuera, la vida sigue su curso sin esperar a nadie y nosotros nos lo perdemos.

Un estudio que realizó hace unos años la Universidad de Michigan arrojó unos datos curiosos sobre el asunto de los temores. Concluía que un 60% de ellos son infundados, o lo que es lo mismo, nunca ocurren. Pero además, decía que un 20% de nuestros temores están enfocados en nuestro pasado, cosa que no podemos controlar ya. Otro 10% estaban basados en cosas tan insignificantes que no representarían ninguna diferencia para nosotros. Y del 10% restante, solo la mitad podría considerarse realmente justificable.

Si nos gustan los números, podremos darnos cuenta que es un porcentaje risible. Quizá sea momento de encontrarle mejor uso al tiempo y a la energía que dedicamos a nuestros miedos.

- Aprender a fracasar.

Eso se puede leer muy superficialmente. Todos hemos fracasado antes, ¿no? Desde la niña del kínder que nos gustaba y respondió con un rotundo 'NO' a nuestra propuesta amorosa, hasta el último trabajo que quizá tuvimos. Todos hemos fracasado alguna vez.

Pero el tema de aprender a fracasar va más allá. Implica aprender de él, usarlo como parámetro e incluso, estar dispuesto a mejorarlo —más que solo rendirnos a él. Y tengamos presente que cuando estemos listos para lograr una gran victoria, probablemente por allí ande merodeando la sombra del fracaso. Es parte de la vida, debemos aceptar ese hecho, pero no hay que perder la perspectiva correcta sobre él.

Un buen amigo decía que si no se abría una puerta, que buscáramos otra. También está la posibilidad de hacer nuestra propia puerta. Y si eso no funciona, aunque sea por la ventana o por el techo, el asunto aquí es no dejar de movernos ni que nuestro sueño naufrague. Somos el capitán de la nave, pero si nos vamos a hundir con ella, que no sea sin haber luchado.

Para reflexión:

¿Cuánto tiempo pasás fuera de este momento presente, en el pasado que no podés arreglar o en el futuro que aún no llega? Situate en este momento preciso. ¿Qué sientes? ¿Qué ves? ¿Qué podés hacer para cambiar tu actitud a mejor? ¿Nuestro equipo tiene una política para el fracaso? ¿Cómo lidiamos con él? ¿Qué hacer para fomentar una cultura que 'busque el fracaso' o, más bien, que nos invite a seguir intentando y explorando posibilidades?

Encontrándonos a nosotros mismos

En una ocasión, andaba por la ciudad en moto haciendo diligencias. Estando detenido en un semáforo, vi allá adelante en el carril contrario a dos personas bajarse rápidamente de su auto a auxiliar a un motociclista. No supe la razón por la que el motociclista estaba en el suelo y tampoco pude ver qué sucedió después ya que la luz verde me indicó que debía seguir mi camino, pero me quedé con la imagen de esas dos personas haciendo una diferencia, haciendo un alto en su rutina para auxiliar a un desconocido.

Pasaron los días. Me encontraba corriendo a la altura del kilómetro 14 en la media maratón en que participé recientemente. En ese punto, a esa hora temprana de la mañana, vi a una señora y a su pequeña hija ofrecernos a los corredores los confites que sostenían en unas bandejas. No eran parte de la organización del evento, así que inmediatamente supe que adquirieron los confites, los dispusieron en las bandejas y se levantaron temprano a regalarlos por un asunto de gusto, de querer hacer una diferencia. Le dije al tipo que corría al lado mío que, definitivamente, el mundo necesita más gente como ellas.

Actualmente hablamos de ser diferentes, de ser innovadores en el campo profesional, como colaboradores así como cuando somos emprendedores. Y está bien, es lo que hay que hacer. Pero ejemplos como estos nos muestran que el tema de diferenciarnos es demasiado amplio para encasillarlo en solo el ámbito profesional. Necesitamos gente que sea diferente y que haga una diferencia.

Una buena forma de lograrlo es ver la necesidad que tienen los demás y buscar cómo solucionarla. Zig Ziglar escribió en una ocasión que "tendremos lo que queremos en la vida si ayudamos a los demás a tener lo que ellos quieren". Y es que, aunque suene paradójico, cuando ayudamos a los demás a encontrarse, podemos también encontrarnos a nosotros mismos.

Esta semana el mundo entero conoció a Aylan Kurdi. No supo de él precisamente porque haya destacado en el campo científico o deportivo. Tampoco porque sea un político o académico destacado. Aylan fue una de las víctimas inocentes del problema migratorio que sucede en Europa y cuyo cuerpecito postrado sin vida en la arena de una playa en Turquía ha pasado a ser la imagen que anuncia que la humanidad naufragó con él, su hermanito, su mamá.. y con el resto de miles de personas que sufren en el África, en nuestros países latinos y en general en todo el mundo.

No llegamos a tiempo para ayudarle a él. Pero quizá estemos aún a tiempo para ser la diferencia en la vida de alguien más. Aún podemos detener nuestro carro y bajarnos. Aún podemos levantarnos temprano y salir a la calle. No está mal que pensemos en diferenciarnos como profesionales, que nuestro currículum sea atractivo para un empleador. Eso no está mal, de hecho está muy bien. Pero no encasillemos el ser diferentes sólo al ámbito profesional, porque cuando ayudamos a los demás a encontrarse, podemos también encontrarnos a nosotros mismos.

Para reflexión:

¿Hace cuánto no participás de una causa solidaria, sea comunal, social o religiosa? ¿Cuál ha sido la excusa para no participar?
¿Y si involucramos al equipo en una causa solidaria? ¿Cuál es la que elegiríamos?

¿Qué cosas te emocionan?

Era el 18 de mayo del 2005. A las 8:00 pm, me llamó mi mejor amigo diciéndome que me llegara a un cine ya que tenía una entrada para el estreno mundial del Episodio III de Star Wars, la última entrega de la precuela de la serie. Aunque no soy fan de la saga, me fui. Siempre me es emocionante ir a ver una película de acción y en especial si vas invitado por alguien más.

La película se estrenaría a la medianoche pero antes hubo toda una serie de concursos y actividades para los fanáticos. El climax de las actividades previas fue el concurso de disfraces. Fue un desfile de creatividad y, bueno, no faltó quien llegara con un disfraz original de Darth Vader. A medianoche empezó lo bueno. Acción y emoción a raudales por toda la sala. Y cuando Yoda hizo de las suyas para escapar de la muerte y huir con los Yedis, la sala rugió de emoción. He de reconocer que yo estaba sorprendido de la reacción de la gente. ¡Vaya que la saga los tenía capturados!

Esta semana salió a la luz un adelanto de lo que será la siguiente película de la saga, la número siete. Y, como no, los comentarios de emoción y las especulaciones de los fanáticos de la saga. Justo como esa noche de mayo del 2005. En este momento, me tiene sin mayor cuidado la próxima película pero probablemente si me emocionaré cuando la vaya a ver.

Pensar en todo eso me hizo reflexionar. ¿Cuáles cosas son las que me emocionan? Tener algún grado de emoción hace que olvidemos por un momento las dificultades de la vida. La emoción que nos produce la posibilidad de lograr un sueño, de crecer, de luchar por algo que queremos. Descubrir los detalles hermosos que nos ofrece la vida, tal como el canto de un pájaro, un atardecer majestuoso o la sonrisa de los niños. Pero no los vemos, porque pasamos por la vida como en automático.

Un buen ejercicio para recordar eso que nos emociona es anotarlo en una lista y procurar hacerlo. Claro, no es una lista de cosas que hacer antes de morir. Es una lista de cosas cotidianas que nos alegran el día. Puede incluir una llamada a alguien especial, leer un artículo, dedicar un rato a nuestro videojuego favorito, ver una película, comer aquello que nos encanta, ir a correr a la montaña, una copa de un buen vino. Qué se yo, esas cosas que podemos hacer varias veces por semana y que sirven para recargar nuestra energía.

¿Te es fácil hacer la lista, o por el contrario, se te dificulta? Ese es el parámetro para medirte. Te animo a que recordés qué cosas te emocionan y a que las hagás. ¡Y nos vemos en el estreno de Star Wars VII!

Para reflexión:

Retomemos la pregunta que aparece en el artículo: ¿Te es fácil hacer la lista de cosas cotidianas que te emocionan, o por el contrario, se te dificulta? ¿Cuál es la razón?
¿Cómo sería una lista de ese tipo en la cotidianidad del equipo? ¿Qué elementos o actividades incluiría?

¿Limitaciones? Ja..

En una ocasión, me dirigía al estadio de mi ciudad a entrenar en la pista de atletismo. Pasando por el centro, vi a un muchacho que caminaba por allí con cierta dificultad a raíz de una 'limitación' física. Llegué a la pista, empecé a entrenar y al rato, me llevé la sorpresa de ver llegar al muchacho y de una empezar a darle vueltas a la pista, caminando a su paso. Saludaba a todos con una gran sonrisa. Creo que ese día él fue quien disfrutó más el entrenamiento.

Un par de días después, la misma historia. Sonriente, a pesar de su 'limitación', llegó y de una vez, a darle al entrenamiento. La siguiente semana, de nuevo llegó y de inmediato, a lo suyo, sin olvidar la sonrisa en su rostro y su agradecimiento a la vida por la oportunidad de disfrutar de ese día.

A él no le preocupaba la velocidad que llevaban los demás o el tipo de ejercicio que hacían. Estaba en lo suyo, concentrado. Tampoco lo supo, pero me regaló varias lecciones que te comparto hoy.

¿Limitaciones? Existen, sí. Pero son las que nosotros mismos nos ponemos. Las etiquetas, las dificultades, los 'peros', las excusas. Son muy personales y no niego que las esgrimamos desde nuestra realidad. Pero al final de cuentas son solo eso: etiquetas, excusas, 'peros'. Si los cambiáramos, cambiarían nuestra realidad.

- La mirada fija en el objetivo. Habrá gente que va más rápido, que tiene mejores herramientas, que lleva camino andado ya, que han tenido más 'suerte' en la vida. Eso no debería importarnos si tenemos clara nuestra meta. Nuestra energía debe estar enfocada en nuestro logro, no en envidiar o desmeritar lo logrado por los demás.

- Una sonrisa en el rostro. Habrá ocasiones en que tendremos ganas de llorar porque duele el proceso, porque nos estamos llevando al límite o porque la situación nos está exprimiendo. Pero si sabemos apreciar el momento que estamos viviendo y si tenemos la valentía de levantar la mirada y ver que forma parte de un todo, desarrollaremos una actitud agradecida y, como lo dice el proverbio bíblico, un corazón alegre nos permitirá tener un rostro hermoso.

- El hábito de hacerlo a diario. Un refrán popular lo dice de esta forma: "La práctica hace al maestro". Otro reza lo siguiente: "Un viaje de mil kilómetros inicia con un paso". El mensaje es claro: si no lo hacemos un hábito, yendo paso a paso, nunca lo lograremos. Esa idea de negocio nunca llegará a ver la luz, esa carrera universitaria no se hará realidad y nunca llegaremos a ser lo que quisimos proponernos. Hay que actuar.

Desde hace muchos años estoy tratando de aprender a admirar a los demás. Todos pueden aportarnos en el proceso de ser mejores personas. Lo importante acá es que veamos lo que los demás nos enseñan y que lo apliquemos, si estamos tomándonos en serio aquello de 'ser mejores personas'.

Para reflexión:

¿Cuál ha sido tu mayor limitante en la vida, el que suele ser la excusa perfecta? ¿Cómo se originó? ¿De qué cosas te has perdido por su causa?

¿Cuál es la mayor limitante que tiene el equipo? ¿Es insalvable? ¿Podemos establecer un plan B o C?

SER LO QUE SOS

Aunque no me considero un buen cinéfilo, en el sentido de poder hacer una buena crítica o recomendar una película, la verdad es que el cine me entretiene y de vez en cuando aparece alguna película que logra atraparme definitivamente.

Una de ellas, o más bien, tres de ellas, son la trilogía de Batman, producida por Christoper Nolan. Las tres las vi con mucha emoción en el cine cuando se fueron estrenando y actualmente, si las pasan por televisión de igual forma me quedó viéndolas. Hasta he valorado comprarme el set de tres DVD's con la trilogía (¡que no lo lea mi esposa!)

En la última entrega, The Dark Knight Rises, durante el clímax de la película, hay un par de conversaciones que me han obligado a meditar en las últimas semanas luego de haber visto la película en televisión recientemente. Se trata del personaje de Gatúbela diciéndole a Batman primero que para qué había regresado, que no le debía nada a la ciudad y que pudo haber sido lo que él quisiera. Posteriormente se lo vuelve a decir, que no tenía sentido haberse quedado a arriesgar la vida por nada.

El detalle es que Batman, o Bruce Wayne más bien, lo tenía muy claro. Palabras más, palabras menos, sencillamente él quería proteger a Ciudad Gótica y para ello dedicaba buena parte de su fortuna y tiempo. Esa era su misión.

De igual forma nosotros también tenemos una misión en la vida. No creo en eso de las casualidades, sino más bien en las causalidades. Todos tenemos algo que nos hace únicos, lo que fácilmente invita a pensar en que alguna razón habrá para ello. Quizá hoy mismo no la tengamos clara, pero eso se resuelve con solo empezar a buscar esa misión.

¿Qué logramos con huir? ¿Qué logramos con aparentar lo que no somos? ¿Es buena idea desperdiciar la vida de esa forma? ¿Hay alguna utilidad en ser lo que no somos?

A Batman le salió bien el plan al final de la trilogía. Nosotros aún estamos en el proceso de llevar a cabo ese plan, esa misión. Pero entre más difícil nos la pongamos a nosotros mismos, más tardaremos en lograr llegar.

No desperdiciés tu vida llenándote de frustración y amargura. Sé vos mismo y viví para cumplir tu propósito.

Para reflexión:

¿Ya sabés cuál es tu propósito en la vida, eso que harías de gratis y gustoso incluso poniendo de tus recursos? ¿Qué has hecho por ello en el último mes? ¿Cuál es la causa de que no hayás hecho más?

En el equipo de trabajo tenemos una misión, obviamente. ¿Hay alguna forma de trascender y adoptar otra causa? ¿Cuál nos gustaría apoyar?

LOGRÁ TU META

Estoy en las últimas semanas de entrenamiento para poder correr mi segunda maratón. A la par del cansancio físico que siento y las ansias que poco a poco empiezan a florecer en mi interior, he tratado de reflexionar sobre lo que representa este proceso en particular y cómo aplicarlo a mi vida profesional.

Se trata de un evento que no estaba en agenda. Mucho menos en mis sueños. Pero por esos regalos sorpresa del Creador, se va a dar —ya alguna vez comenté que no creo en casualidades, sino en causalidades.

Apenas lo puedo creer. Fue tan repentino que no he tenido ni tiempo de ponerme nervioso. De igual forma, estoy a pocas semanas de lograrlo. Me he preparado a conciencia, he identificado los errores que cometí en mi primera experiencia, me he asesorado, en fin, he hecho lo que me toca para hacer una carrera estupenda. Y no porque vaya a lograr un tiempo de corredor élite, sino porque la quiero disfrutar de principio a fin y a la vez, lograr un buen tiempo de acuerdo a mis posibilidades.

Dentro de mi reflexión identifiqué cuatro situaciones que considero cruciales, y que tropicalizadas a la vida en general, pueden enseñarnos algunas lecciones:

- Estar listo para la oportunidad: Desde que crucé la línea de meta al finalizar mi primera maratón, supe que quería repetir ese sentimiento de inmensidad que se desbordaba en mi interior en ese momento. Me dolía todo, pero estaba extasiado. El proceso a esta segunda maratón no arrancó hace tres meses, arrancó desde hace más de tres años y se ha llevado a cabo con cada entreno y cada prueba realizada desde entonces.

- **Preparación adecuada:** No se ha tratado solamente de salir a correr por correr. Han sido entrenamientos de diversa índole e intensidad, desde aquellos trotes donde se puede conversar hasta las series de velocidad que me hacen cuestionarme qué diantres estoy haciendo, mientras estoy sentado en el suelo tratando de recuperar la respiración.

- **Respetar el proceso:** Mi entrenador ha sido el principal responsable de la parte deportiva y mi esposa y mi hijo los entrenadores no-oficiales. También tengo el soporte de un grupo de amigos, todos ellos atletas a quienes admiro y además el generoso apoyo de buena parte de mis amistades y familia. Pero me he cuidado de no prestar atención a comentarios y sugerencias que me desviarían del camino. La meta ya está señalada y cualquier desvío podría echar a perder el proceso.

- **Tener la motivación y la ilusión a tope:** Ya hablé del sentimiento de inmensidad que sentí hace más de tres años a la llegada de mi primera meta. Pero no comenté el coraje del que tuve que echar mano durante esos 42 kilómetros, ni de las lágrimas que discretamente corrieron por mis mejillas en aquellos últimos metros. Tampoco hablé del sentimiento de gratitud por poder correr, de tener salud, de estar rodeado de gente que me inspira y me quiere y ante todo, de estar vivo.

No pretendo empujarte a correr una maratón -aunque es un buen negocio que podés valorar. Tampoco pretendo que alguien entienda mi motivación de hacerlo. Lo que pretendo es que, sea cual sea el proyecto que querés llevar a cabo, tengás presente esas cuatro fases: Estar listo, prepararte, obedecer y tener tu motivación e ilusión a tope. Sea buscar un trabajo, emprender tu propio negocio, comprar tu casa, terminar un grado académico. El proyecto que sea, andá por él y logralo. Esa es la meta que te está esperando.

Y mientras tanto, Cibeles andá poniéndote guapa...

Para reflexión:

Ese objetivo que está dándonos vueltas por la cabeza, ¿qué pasaría si no lo obtenemos? ¿Lo queremos realmente? ¿Por qué razones no se ha concretado? ¿Las has creído o son solo pretextos?
¿Cómo está la motivación del grupo respecto de alcanzar alguna meta? Se entendería que por obligación profesional debemos alcanzarlo, ¿nos motiva esa obligación o el deseo de superarnos?

¡Aplausos para el viento!

Iba sentado en la microbús rumbo a la clase de natación de mi hijo. Él tranquilamente iba viendo por la ventana. Sus pequeños y vivaces ojos observaban todo en el camino. El resto de los niños iban riendo y cantando. Yo, mientras tanto, iba lidiando con mis pensamientos. Ya saben, cosas de adultos: compras de la casa, proyectos profesionales, las próximas competencias para las que estoy preparándome. Lo normal, podríamos decir.

En algún momento del viaje sentí calor, por lo que abrí una ventana de la microbús para que entrara un poco de aire. Casi al instante, uno de los chiquillos que iba sentado en la parte de atrás gritó: "¡*Aplausos para el viento*!" Al instante, todos empezaron a aplaudir. Hasta mi hijo aplaudió, influenciado por los demás. Y luego, siguieron las risas y las canciones.

Yo me quedé sorprendido. Los niños tienen una capacidad increíble de sorprendernos, pero esa frase espontánea me conquistó. ¿Quién le aplaude al viento?

Como pueden darse cuenta, sigo pensando en la famosa frase. Sin embargo, lo hago desde la óptica de cuántas cosas nos podemos estar perdiendo gracias a nuestra "forma adulta y madura" de encarar la vida. Ya no nos sorprendemos por nada. A veces hasta se nos olvida agradecer. Y en ese proceso hemos ido matando poco a poco el ingenio y la creatividad infantil que todos traíamos al llegar a este mundo.

Esa 'seriedad' con la que vivimos nos impide desarrollar nuevas ideas. Esas mismas ideas para un emprendimiento, una idea de negocio. Incluso para vendernos como profesionales. Somos adultos rígidos que sentimos que una sonrisa nos puede estropear el rostro. Vivimos en un gris permanente, donde la rutina nos ha absorbido casi por completo.

Pero no todo está perdido. Podemos recuperar esa ilusión por la vida, ese agradecimiento por las cosas pequeñas, recuperar la posibilidad de sorprendernos hasta por lo 'insignificante'. Quizá ahí esté la llave que andamos buscando. La de una vida más feliz, más integral, la forma de solucionar problemas, la vida de las oportunidades que anhelábamos de niños. Y, por supuesto, la creatividad que necesitamos para ponerle color y diversión al, a veces, aburrido mundo de adultos en que vivimos.

Despertemos nuestros sentidos, aletargados con el paso del tiempo. Ese es el punto de inicio de donde podemos iniciar una nueva jornada de vida.

Para reflexión:

¿Cuál sería una insignificancia para vos, algo que das por sentado a diario? ¿Qué sucedería si le dieras algo de importancia? ¿Sería capaz de producir un cambio en la vida de alguien más?
Los saludos en el trabajo, la forma de agradecer, la redacción de un mensaje por email o whatsapp a nuestro equipo pueden ser una insignificancia por su cotidianidad. ¿Cómo podemos mejorarlos para que sean un momento que tenga significancia?

CUANDO SE NOS VAN LA MUSAS

No estaba muy familiarizado con el concepto de las Musas hasta hace unos días, donde precisamente, siento que las nueve me abandonaron.

Y es que resulta curioso que ocurra cuando, a nivel personal y profesional, se están dando una serie de oportunidades y eventos que me han llenado de emoción: el próximo nacimiento de mi hija, un proceso de coaching con un equipo de futbol nacional que milita en la quinta división (¡imaginen todo el margen de crecimiento que hay!), planeación y ejecución de procesos formativos y de coaching, mi tercera maratón, etc...

Me siento frente al ordenador, procuro poner en papel mis ideas, organizarlas de tal forma que me den como resultado un producto innovador con el que me sienta a gusto y que me emocione de tal forma que crea en él y lo gestione a gusto, pero nada. No se me ocurre nada.

Es más, hasta estas líneas que estás leyendo fueron afectadas en algún momento por el cruel abandono y desprecio de las Musas.

He tratado de hacer un autoanálisis: ¿será ansiedad? ¿Preocupación? ¿Miedo? ¿O sencillamente que con tanta idea y proyecto en la cabeza no me logro concentrar?

Con los años he aprendido que nunca vamos a estar al 100% todo el tiempo. Y es mejor no intentarlo. Un equipo de futbol necesita dosificar y rotar a todos sus jugadores si quiere llegar al final de la temporada a tope. Si corrés una maratón, te tomás unos días de descanso para que los músculos reparen el daño que les dejó el esfuerzo. Los centros de estudio cierran sus puertas algunas semanas para que los alumnos descansen. Y el ejemplo por excelencia: dormimos por las noches para descansar y recobrar energía para lo que nos espera al día siguiente.

El hecho de que se nos vayan las musas puede ser la forma de darnos cuenta que necesitamos un respiro, hacer una pausa, replantear. Algo así como una lesión deportiva. ¿Para dónde voy? ¿Qué debo cambiar para obtener resultados diferentes?

¿Qué logramos al tener ese respiro del ajetreo diario? La respuesta es fácil: crecemos. Cuando nos tomamos el tiempo para detenernos, analizar, replantear y arrancar de nuevo, significa que quien tiene el control somos nosotros. No vamos reaccionando ante la vida sino que la vivimos con sentido, con un plan, con la mirada puesta en un objetivo.

John C. Maxwell, un autor y experto en temas de liderazgo, enumeró una serie de ventajas por las cuales es mejor ir por la vida de forma proactiva que ir de rebote o a merced de las circunstancias o de otras personas.

La primera de ellas es que nos permite enfocarnos en el hoy, en el presente. Al final de cuentas, es lo que tenemos. Ya no podemos hacer nada por el ayer y para llegar al mañana hay que hacer los deberes del hoy.

Otra ventaja es que aumentamos la eficiencia en nuestras actividades, al no desperdiciar tiempo y recursos en reparar lo que hicimos mal. Esa eficiencia nos aumenta la confianza, cual si fuéramos aviones tomando velocidad en la pista para despegar (nunca olvidemos que los aviones despegan contra el viento).

En resumen, pasamos al siguiente nivel. Llegamos al siguiente piso. Damos un paso más hacia la cumbre. El mejor negocio en la vida, definitivamente, siempre será llevar el control de nuestra vida. Nunca controlaremos todo, pero de lo que si podemos echar mano, hay que hacerlo.

Y de paso, si te abandonaron las Musas como a mí, es hora de salir de cacería, ¡a por ellas!

Para reflexión:

¿De qué forma nos damos cuenta que debemos replantear? ¿Hay alguna parada antes de llegar a esa estación final en el recorrido? ¿Qué sistema de alerta podemos implementar para hacer un mejor uso de nuestro tiempo y energía? Probablemente le ha sucedido a nuestro equipo que nos quedamos estancados ¿Qué actividades ajenas a nuestra profesión u oficio nos ayudarían a encontrar inspiración para solucionar un dilema puntual?

¿¡ES ESO LO MEJOR QUE PODÉS HACER!?

En días recientes volví a tropezar con la película "El Show de Truman", que protagoniza el comediante Jim Carrey, en primera instancia porque mi amigo en la distancia, Manuel Calle Mena, saluda como él en un par de grupos de whatsapp de los que formamos parte y luego, porque también vi parte de la película esta semana que recién pasó.

Para efectos de no contársela a quien no la ha visto aún, no entraré en muchos detalles, sin embargo, me resulta imposible no reflexionar en su parte final. En medio de una tormenta en mar abierto, donde las olas y el viento amenazan su barco y su vida, se atreve a lanzar un grito desafiante desde lo más profundo de sus entrañas: "*¿¡es eso lo mejor que podés hacer!?*"

Me impresiona. Hay ira, coraje y atrevimiento en ese desafío. Trato de interpretarlo desde la óptica de un hombre cansado de su situación, de su rutina, que una y otra vez ha hecho esfuerzos para cambiar las cosas, que se ha visto aplastado emocionalmente por personas y circunstancias que han llevado su vida de un lado a otro... pero que está ahí, en un barco en medio océano, venciendo sus miedos y lanzándose a conseguir lo que anhela.

La vida nuestra puede tener en ocasiones un poco de la de Truman. Por fuera estamos sonrientes y de buen humor. Enfrentamos la vida con una apariencia de positivismo, de energía y nos levantamos cada mañana con la firme intención de comernos al mundo. Nos llenamos de frases motivacionales, de literatura, de audiolibros y de todo lo que podamos para mantener nuestra actitud y ánimo a tope.

Eso está genial. ¡Ojalá nunca lo dejemos de hacer! Sin embargo, habrá ocasiones en las cuales al echar una mirada dentro de nosotros, quizá nos llevemos una sorpresa. Notaremos algo que está sucediendo y que nadie a nuestro alrededor puede ver.

Hay un cansancio de lo mismo: de la rutina, del desánimo, de los repetidos fracasos, de las opiniones de los demás. Seguramente nos hemos llenado de cosas materiales, de lugares y de actividades que ya cumplieron su ciclo, pero ahí estamos, insistiendo una y otra vez en lo mismo. Seguramente son cosas y actividades que dominamos y lugares que recorreríamos hasta con los ojos cerrados y que forman parte de la decoración de nuestra zona de confort. Pero ya sabemos qué resultados tendremos si seguimos haciendo lo mismo de siempre. O simplemente quizá se trate tan solo de que nos cansamos de escuchar las mismas voces —incluida la nuestra, con el discurso trillado de siempre: 'no podrás', 'no funcionará', 'no tenés las agallas', 'mejor rendite e intentá otra cosa'...

Si no es ahora, tarde o temprano estarás contra la pared, en un callejón oscuro durante una noche lluviosa, acorralado por esas voces derrotistas y por los recuerdos de lo que ha salido mal. Seguramente también estarás cojeando, con heridas y dolor. El frío te invitará a rendirte. Ese será un momento decisivo. Podés bajar los brazos y nadie te juzgará. Es válido y mucha gente lo ha hecho antes.

Pero también podés voltearte, apretar puños y dientes y gritarle desde tus entrañas a la vida o a tus circunstancias adversas: "¿*¡es eso lo mejor que podés hacer*!? Y lanzarte a seguir luchando.

Vos elegís.

Para reflexión:

Todos llevamos un desfile por dentro. ¿Hacia dónde va el tuyo? ¿Qué tan numeroso es? ¿Está ahí porque te rendiste o seguís luchando?

¿Cuántos Truman habrá en nuestro equipo? ¿Cómo ayudarles a sacar lo carga que llevan por dentro?

METAS INSPIRADORAS

Hace varios años aprendí sobre 'no perder la capacidad de asombro', un concepto interesante de ver la vida con los ojos de un niño y evitar que la forma 'adulta y seria' de vivir y relacionarnos nos envuelva.

Y es que el trajín diario puede lograr que hagamos las cosas como en automático. El trabajo se torna una rutina, la vida familiar es un drama, los amigos que tenemos nos influencian a ser como ellos y el día a día se torna de color gris desde que amanece hasta que anochece.

Incluso, cuando se supone que estamos haciendo algo que nos apasiona, podemos sufrir ese 'síndrome de adultez'. Recientemente lo noté. El equipo de fútbol de mi ciudad milita en la segunda división en Costa Rica, y en algunas ocasiones que he ido al estadio a entrenar atletismo en la pista he coincidido con algunos de los jugadores cuando ya abandonan su práctica.

No hace muchos días, un par de ellos extendieron su entrenamiento para practicar el lanzamiento de faltas de tiro libre. Un puñado de balones, una barrera improvisada y ellos, un tiro tras otro, practicaban. Nadie los ayudaba, así que cuando se les acababan los balones, ellos mismos iban, los recogían y de nuevo, a practicar.

A mí me pareció admirable, porque no es algo que se vea muy a menudo. La práctica hace al maestro, ¿cierto? Sin embargo, mientras trotaba, un grupo de sus compañeros salió de los camerinos y al verlos, exclamaron una de nuestras frases populares: 'que dichosos esos dos que no tienen nada que hacer'.

Yo no daba crédito a lo que estaban diciendo. La frase suena inocente, pero no lo es. Estaban insinuando entre ellos que aquellos que estaban dando el 101% extra eran unos vagabundos. Nadie ofreció su ayuda con los balones y mucho menos alabaron su actitud de mejorar. Sencillamente, aquellos dos, para sus compañeros, estaban desperdiciando el tiempo.

Podríamos extraer varias enseñanzas para analizar: división en el camerino, conformismo, no hay trabajo en equipo, poca solidaridad, compromiso nulo, el 'hago solo lo que me corresponde', etc. Yo quise ir un poco más allá. Tony Robbins, un orador motivacional y coach de vida decía en cierta ocasión que "la gente no es perezosa, sino que simplemente tienen metas que no los inspiran". Para los dos que estaban empeñados en practicar tiros libres, su meta probablemente sea anotar goles que le permitan al equipo salir del bache en el que está y regresar a Primera. Para los otros, quizá su meta sea dar lo necesario en el terreno de juego para poder cobrar el próximo cheque.

Sé que puedo ser muy especulativo con mi análisis, por eso, me traje la frase para interiorizarla yo mismo. Mis metas, ¿son inspiradoras? ¿Puedo dar más de lo que doy actualmente? Hay una historia que circula en internet, de un tipo que se acerca a conversar con tres hombres que estaban trabajando en una construcción. Al preguntarles qué hacen, el primero contesta: *"yo aquí, pegando ladrillos"*. El segundo le contestó: *"aquí estoy, levantando una pared"*. Y el tercero respondió: *"estamos construyendo la catedral más grande del país"*.

Perspectivas. Actitud. Metas inspiradoras. Tres palabras que necesitamos vivir a diario, para dejar nuestra aburrida 'adultez' para hacer las cosas y, por el contrario, pensar fuera de la caja y encontrar así brillo, color y emoción.

Para reflexión:

¿Cuál es tu respuesta a las preguntas ya planteadas en el artículo: tus metas son inspiradoras? ¿Puedo dar más de lo que doy actualmente?

¿Cuál es la motivación del equipo? ¿Qué estamos haciendo cada uno de nosotros por alimentarla?

ESOS BICHOS RAROS..

Seguramente los has visto. Son un caso raro. Probablemente viven hasta en tu mismo barrio, a la par de tu casa. Salen por la mañana sonriendo y saludando. Si está nublado o lluvioso, sonríen. Si está soleado, también. Se montan al carro, ponen música o mensajes que les inspiren y ponen rumbo a sus actividades del día. Los huecos en las calles, las presas, nada de eso les saca de su estado de ánimo.

Cuando regresan por la noche están igual. De nada valió el malhumor del jefe, el cliente difícil, la negociación fallida o el colega que no quiso colaborar. Tampoco importó almorzar a las tres de la tarde y regresarse a la casa con hambre y el doble de presa.

Esa gente es rara. Parece que no se dan cuenta que estamos en año electoral y que hay que ponerse a favor o en contra del gobierno. Viven como si no les importara que nos tengan despedazadas las calles o que la delincuencia esté haciendo de las suyas. Esa manía de sonreír y ser optimista es extraña, ¿cierto?

La realidad es que necesitamos más de esos bichos raros. No es que no les importe la situación del país, o los atentados en el Medio Oriente, o el último personaje estrafalario que aparece en las redes sociales. Simplemente son personas que tienen control de sus vidas y las viven con satisfacción.

Nuestro entorno actual nos obliga a escoger: o vivimos amargados y quejándonos de todo, o nos hacemos cargo y vivimos con satisfacción y optimismo. Ambas son opciones válidas, aunque sus consecuencias son muy diferentes.

Sobran los estudios que afirman que, a la larga, los optimistas terminan teniendo una mejor calidad de vida. Se cuidan más, tienen hábitos más saludables y a la vez, el organismo funciona mejor en prevención de enfermedades y bienestar. Es fácil concluir que los quejosos y pesimistas son la otra cara de la moneda.

¿Cómo se vive con satisfacción? Aquí comparto algunas ideas para decidirnos y ponerlas en práctica:

- Valorá lo que tenés: No es buena idea vivir frustrado por la 'injusticia' de que el vecino tenga una mejor casa o un mejor carro que yo. ¿Qué tal si empezamos a valorar y a agradecer lo que tenemos? ¿Con qué nos encontraríamos si mañana nos despertáramos y tuviéramos sólo las cosas por las que agradecimos el día anterior?

- Deseá menos: hay que aspirar a lo mejor pero no vivir en función de eso. ¿Sabías que cuando nos toque irnos, no nos vamos a llevar nada? Ropa, celulares, casas, todo eso se queda aquí. Es una mejor idea empezar a vivir disfrutando del viaje y no estar tan pendiente del objetivo material. Mas abrazos, mas conversaciones, mas amistad, mas altruismo.

- Consumí menos: Muy ligado al punto anterior, nos pone en la perspectiva correcta. El exceso de consumo presiona los recursos del planeta y además, es muestra de que algo falla en nuestro interior. ¿Necesitamos aparentar para ser aceptados por los demás?

- Dejá de compararte: Una estimación en el 2002 estableció que alrededor de 106,000 millones de seres humanos hemos habitado la tierra a lo largo de toda su historia. Es una cifra abrumadora. Y es más abrumador aún el hecho que muy posiblemente ninguna de ellas haya sido igual a vos. ¿Cómo? No lo sé, mi tema no es ese misterio, sino más bien que dejemos de compararnos con los demás. Todos somos diferentes y tenemos nuestro propio camino y propósito por descubrir, así que de una vez por todas, ¡dejemos de compararnos!

- Tené claras tus prioridades: Familia, carrera profesional, estudios, proyectos emprendedores, etc. Todos deberíamos tenemos nuestras prioridades claras. Si eso no sucede, es que estamos atendiendo las prioridades de alguien más. ¡Cuidado con eso!

- Enfócate en lo importante: No han sido pocas las veces en que he dicho que 'no' a alguna invitación o actividad, sencillamente porque tengo a mis hijos pequeños y deseo pasar tiempo con ellos y mi esposa, o porque estoy en un proceso de entrenamiento rumbo a una maratón, por citar un par de casos. Cuando vamos por la vida diciéndole 'sí' a todo y a todos terminaremos agotados y enfermos. Aprendamos a decir 'no' y enfoquémonos en lo importante.

Que las calles despedazadas o el clima no sean un obstáculo para que le regalés al mundo tu sonrisa. ¡Empezá hoy mismo!

Para reflexión:

¿Qué tanto te cuesta decir 'no'? ¿Cómo te lo has tomado cuando te lo han dicho? ¿Cuánto de tu tiempo invertís en cosas/asuntos que realmente no te tienen ilusionado?

¿Cuáles son las prioridades individuales en nuestro equipo? ¿Están alineadas de forma que nos permiten obtener el mejor rendimiento? ¿Cómo podemos apoyar a quien esté con dificultades en esa área?

LO MEJOR QUE PODÉS CON LO MEJOR QUE TENÉS

Todo empezó el día de mi cumpleaños, hace poco más de un mes. Había sido un día espectacular ya que fuimos temprano a nuestra iglesia a presentar y a celebrar a mi hija Julissa con familia y amigos, cumpliendo una de las costumbres que tenemos los cristianos, y luego de allí, nos dirigimos a toda velocidad hacia un parque recreativo donde en horas de la tarde participaría de un triatlón. Me había apuntado porque, ¡hacer un tri el día de mi cumple y sin tener que desplazarme demasiado lejos era una ganga que debía aprovechar!

Ya cuando corría los últimos cien metros antes de la meta, mi hijo Josué se vino corriendo conmigo y entramos a la meta juntos. Comprenderán lo orgulloso y emocionado que me sentí. Debo contar acá que fui el octavo de doce participantes en mi largada, pero mi hijo no entiende de esas cosas, así que se quedó con la idea de que ganamos, y punto. Y tras de eso, en un gesto que agradecí muchísimo, le regalaron una medalla pequeña a él junto con la mía, así que la idea de que ganamos se le reforzó.

Ahora viene la parte divertida. En unos días, Josué hará su primer carrera de atletismo para niños y desde ya está hablando de ir a ganar. Solo en eso piensa. Y mi esposa y yo, entre orgullosos y cautelosos, estamos tratando de cambiarle el discurso: vaya, corra lo más rápido que pueda y disfrute la carrera.

No lo hacemos para convertirlo en un conformista, sino más bien, para que aprenda a hacer lo mejor que se puede con lo mejor que tiene. Es una frase que estuvo dando vueltas en mi cabeza días atrás. Hacer lo mejor que puedo con lo mejor que tengo. Es un desafío inmenso, ya que no da espacios al conformismo, a la negatividad ni a la ansiedad o el estrés de ganar. Porque ganar no depende de nosotros, hay muchos otros factores que intervienen en una situación así. ¿Qué tal que el otro corredor se preparó con más hambre de gloria y de triunfo? ¿Qué tal si mi colega se toma las cosas con más seriedad y por eso está mejor preparado profesionalmente que yo?

Solo cito dos escenarios, pero hay miles más. Cuando nos enfocamos solo en 'ganar' o 'perder', conectamos con la ansiedad, el estrés, la frustración y la autoimpuesta necesidad de tener que demostrar algo. Nuestro enfoque y energías están puestos en algo cuyo logro o realización no depende de nosotros solamente. Nos perdemos una excelente oportunidad de conectar con nosotros mismos, con nuestras capacidades, con nuestras virtudes, con lo que podemos hacer bien, con la actitud de entregar el máximo esfuerzo y superarnos.

Ese es el verdadero triunfo. Hacer lo mejor que podemos con lo mejor que tenemos. Acá no hay excusas, somos nosotros contra nosotros y por nosotros. Lo damos todo, nos exigimos al máximo pero no para ganar, sino para ser los merecedores del triunfo, del logro. Si ganamos, genial, pero si no, tendremos dentro de nosotros esa satisfacción de haberlo dado todo y esperaremos con ganas la revancha que nos dará la vida. Porque así es: la vida da revanchas y nuevas oportunidades.

La próxima vez, ¿pensaremos en ganar, o en dar lo mejor que podamos con lo mejor que tengamos?

Para reflexión:

¿De dónde te nace personalmente el deseo de ganar a toda costa, conformarte con lo que salga o rendirte fácilmente? ¿Te has sentido cómodo con ello? ¿Te ha permitido avanzar todo lo que quisieras en la vida o ha sido un lastre?

Nuestro equipo, ¿se ha dejado llevar por el deseo de triunfar sin importar los medios? ¿En qué momentos nos ha sucedido y cuales han sido las consecuencias? ¿Sobreviviremos a una más de ese tipo?

SOBRE EL AUTOR

Fabrizzio Ponce Villarreal es de profesión Administrador de Negocios, con formación adicional en RRHH, Liderazgo, Motivación, Coaching y tiene más de veinte años de experiencia profesional en diversos sectores comerciales. Actualmente se dedica a crear y formar equipos y personas de alto rendimiento mediante capacitación presencial, asesorías y creación de contenidos.

Se define como una persona agradecida con Dios, que espera siempre lo mejor y busca influir positivamente en quienes le rodean. Gusta de temas relacionados con la administración, el desarrollo personal, la autoayuda y el liderazgo.

Practica el atletismo de fondo y el triatlón como 'pasatiempos serios'. Casado con Grettel, ambos son padres de Josué y de Julissa. Actualmente reside en San José de Costa Rica.

OTROS TÍTULOS DEL AUTOR

Una jornada espiritual
"Encontrando a Dios en todas partes"

Una pequeña serie de reflexiones sobre la vida cotidiana y como encontrar a Dios en ella, está disponible en Amazon en formatos digital e impreso.

Ruteando hacia el empleo

Temas sobre empleabilidad, emprendedurismo y gestión de empresas. Co-escrito con varios autores, está disponible en Amazon en formato digital.

K-thar-sys
"Nada es lo que parece"

Novela de fantasía, suspenso y acción. Co-escrita con varios autores, está disponible en Amazon en formatos digital e impreso.

www.fabrizzioponce.com

Twitter: @fabrizzioponce